ひろがる
ベトナム希望レストラン

循環する支援

はじめに

こうして「支援の循環」が始まった

ふぇみんベトナムプロジェクト　竹内みどり

横浜・大倉山駅から5分歩くと、白いアオザイ姿の女の子のバナーが目に入り、エスニックな香りが漂ってくる。店の名は「ベトナム希望レストラン」、早朝から若者たちが生春巻きを巻き、フォーのスープを仕立て、大忙しで働いている。彼らはベトナム中部にあるダナンの子ども達の施設「希望の村」の卒業生たちだ。第二日曜日、月一回だけ開かれる異色のレストランが本書の主人公だが、25年の長い物語は、一本の電話から始まった。

1995年3月のこと、日本のNGO「ふぇみん婦人民主クラブ」（以下、ふぇみん）の事務所に「ベトナム女性の話を聞いてみないか」という電話が入った。女性はレ・リ・ヘイスリップさん、アメリカに長く在住した後、ベトナムに帰国した彼女は、ふるさとの路上にストリートチルドレンがあふれている状況に大きな衝撃を受けた。何としても子どもたちを救いたいと奔走、児童養護施設「希望の村」を創設した。この時、来日卒業生の現リーダー、ビンさん（33歳）は5歳で入所している。わずか5歳の少女の目に、希望の村の景色はどのように映っただろうか。

電話での呼びかけに応じ、ふぇみんはさっそく講演会を開く。レ・リさんは、ベトナム戦争に翻弄された農民の娘の半生を描いた自叙伝『天と地』の著者で、オリバー・ストーン監督により映画化、上映された直後のタイムリーな時期でもあり、講演会には多くの人が集まった。レ・リさんは貧困に苦しむ子どもたちの現状を語って支援を訴えた。第二次大戦直後、不戦を誓って創立されたふぇみんには、ベトナム戦争の反戦活動に関わっていた人も多く、この訴えは強く心に響き、支援の決定に時間はかからなかった。さっそく現地を訪問し、まもなく「ふぇみんベトナムプロジェクト」が発足した。

「里親」というかたちの支援者を募ると即座に20人が応えた。2021年、里親の数は150人、これまでの累計は300人を超える。年に一度の里子訪問ツアーが、（コロナ禍を除き）毎年続いている。直接会って里子の成長を確かめられるのは嬉しく、里親たちは担当の先生から「いい子ですよー」と言われれば、まんざらでもなく、サッカーなどで「わが子」の活躍を見れば、もうすっかりドヤ顔だ。

ふぇみんの支援は、当初希望の村へ支援金を送金する形で行われていたが、10年が経った頃、卒業後の子どもたちの自立こそが重要と、個々の自立支援に軸足を移すという大きな転機があった。

プロジェクトに長く携わっていた私は、この目的を実現するため2006年、現地に駐在することになった。58歳、喜び勇んでダナンに赴いた。熱暑の日々が半年も続いたかと思えば、雨季になるとバケツの底が抜けたような豪雨の日々。初めての駐在で戸惑いも多かったが、有能なベトナム人スタッフと後続の駐在員を得て自立支援は順調に行われ、専門学校や大学に通う人、就職する人、留学生も出てきた。その数110人。

希望の村は民営で、その運営費の多くは寄付で賄われているが、２０１５年突然、大口の寄付がストップし、収入が激減した。留学生たちは心配し「私たち自身で子どもたちの支援をしよう」とアイディアを出し合い、「ベトナム希望レストラン」が生まれたのだ。お金をもらえるほどきれいに生春巻きを巻くのは簡単ではない。学校や仕事が終わった夜、みんなで集まって何度も練習する。支援されたものが支援する側に回る新しい力の始まりだった。一方向の支援ではない、いわば「支援の循環」がこうして動き出した。

本書一章では、この「支援の循環」の象徴ともいえる希望レストランについて紹介する。希望の村で育ち、いま日本にいてレストランを運営する若者たちの思いが語られている。

二章「希望の村の子どもと里親たち」では、早朝5時の鐘で一日が始まる希望の村での子どもたちの様子、里子・里親の様々なつながりが語られる。5歳で入所したビンさんは、当時の里親と日本で今も25年の交流を重ねている。

三章「自立する子どもたち」では、自立支援を受けて、現在、保育士やＩＴ技術者等になった自立支援その後のストーリーだ。希望の村は、聴覚障がい児の小学校教育の施設ともなっているが、ここを卒業したマン君は10年の自立支援を経て、昨年ろう児の教師となって希望の村に戻ってきた。お帰り、マン君！　長年支えてきた里親たちはマン君の帰郷を心から喜んだ。子どもたちとの活動を語る本書のそれぞれのページは、いずれも大きく回りだした支援の循環の輪のどこかの場面を描くものだ。

里親や希望レストランに来てくれる人は、年齢も国籍も実に多様だ。「子どもたちの役に立つなら」という素朴な思いが、次々とつながって「輪」は回っていく。

目次

三章　自立する子どもたち

さまざまな活動　ひろがる支援の輪

ベトナムのみなさまへ——あとがきにかえて…… 144

ふぇみん

ふぇみん婦人民主クラブ
https://www.jca.apc.org/femin/

「**ふぇみん婦人民主クラブ**」は全国各地の女性たちからなるNGOです。二度と戦争を繰り返さない、との思いで、1946年3月に創立され、武力によらない平和な世界、性差別のない、女性が生き生きと暮らせる社会を目指して各地で様々な活動をしています。

創立時より新聞を発行し75年。現在は「つながる ひろがる フェミ・ジャーナル『**ふぇみん**』」を月に3回、お届けしています。ジェンダー平等や平和、環境・脱原発、人権などの課題を中心に、草の根の運動の動きやマスメディアが報じない問題を伝えています。

また、環境問題の取り組みの一つとして「**ふぇみんのお店**」も運営し、安全な石鹸や基礎化粧品、無農薬のお茶やコーヒー、生産者の顔の見える調味料や食べ物も取り扱っています。

ふぇみんのさまざまな活動のうちのひとつ、ダナンの養護施設「希望の村」の子どもたちを支援する **ふぇみんベトナムプロジェクト**も25周年となり、ねばり強い活動が続いています。

（ふぇみん婦人民主クラブ共同代表　片岡栄子）

フェミ・ジャーナル「ふぇみん」は月3回、5の付く日にお届けします。
購読料は送料込みで800円／1カ月です。
定期購読の方がお得ですが、1号ずつPDFでご購入いただくこともできます。
ふぇみんPDF販売サイトは、こちら→ https://femin1946.stores.jp/
海外への発送もできます。　申込・問合せは、ふぇみん婦人民主クラブHPへ。

一章 ベトナム希望レストランへようこそ

「ベトナム希望レストラン」って？

どこにあるの？

メニューは？

毎月、第二日曜にだけ開店するベトナム料理のレストランです。

横浜市、東横線〝大倉山〟駅の改札口を出て左へ5分ほどの信号を渡るとまもなく左側にあります。社会福祉法人「かれん」さんのギャラリーカフェ「カフェモア」というお店を借りています。

フォーをはじめベトナム中部の名物料理などから月替わりのメニューが二品と、毎月お馴染みのバインミー。そこから一品選んで、春巻き＆野菜サラダとデザートのセットがお得です。単品での注文もできます。練乳入りのベトナムコーヒーも追加できます。

営業時間は？

午前10時半から午後3時半まで。
材料がなくなり次第終了です。どうぞお早めに。

どうして月に一度なの？

私たち『希望の村』の卒業生が中心になって運営しているお店だからです。私たちはふだんは学校に通ったり、仕事をしています。

「希望の村」って？

ベトナム中部ダナンにある、小学生から高校生までの子どもたちがともに暮らす施設です。

詳しくは、この本を読んでもらえればきっとわかるはず……

こうして生まれた希望レストラン

Hồ Thị Lành／ホー・ティー・ラン

始まりのストーリー

シンチャオ（こんにちは）。

ベトナム希望レストラン（以下、希望レストラン）を運営している私たちは、希望の村の卒業生とその仲間たちです。希望の村はベトナム中部ダナンにある子どもたちの施設です。病気や災害などで家族を失ったり、貧困等のさまざまな事情で自宅から学校に通えない子どもたちが希望の村で共に暮らし、小中学校に通い、高校卒業を目指します。そして高校卒業とともに希望の村も卒業します。希望レストランをひらいている私たちは、希望の村を卒業し、それぞれの進路に向かって日本で学び、通学したり就業したりしています。

2015年秋のこと。日本の大学を卒業し、介護職に就いていた私は

希望の村を長い間支援してきた大きな団体の支援打ち切りのニュースを耳にしました。長い間続けて支援してくれていた団体の突然の支援打ち切りは希望の村にとって大きな打撃です。希望の村にはいまもたくさんの子どもたちが暮らしています。私自身がたくさんの方からの支援のおかげで希望の村で育ちました。次は私が希望の村に、また希望の村で暮らしている子どもたちに、何かできることはないかと考え始めました。

レストランを開こう

私の住むアパートに、希望の村を日本からサポートし続けているふぇみんの方たちと、日本に留学している希望の村の卒業生が、10人ほどで集まって、私たちに一体何ができるだろうかと真剣に話し合いました。手っ取り早いのは、ひとまずの寄付金を集めることですが、これは短期的には効果はあるかもしれませんが、長期的な効果を維持するのは難しいと思いました。自分たちで長期的に運営し続けることができて、定期的に収益が得られるということから「レストランを開く」というアイディアが浮かびました。私は学生時代に6年間、ベトナムレストランでアルバイトをした経験があったので、具

体的にイメージもでき、一番実行に移しやすく継続もしやすいと考えたのでした。他のメンバーもそれは良いとすぐに賛成してくれました。

ふぇみんの皆さんがさっそく動いてくれて、年明けにもレストランをひらける場所を見つけてくれました。希望の村の子どもたちが作った布製品を、毎年販売する場所を貸してくれている「社会福祉法人かれん」が運営するギャラリーカフェです。横浜市の大倉山にある「カフェモア」を、ひと月に一度借りられることになりました。まずは場所が決定！　みな大喜びでした。

それからさっそく私たちはメニューを考え、料理の練習会を始めました。生春巻きや揚げ春巻きも、いざ作ってみると簡単ではありませんでした。巻き方を工夫したり、麺類を作っては試食したりしました。いつも家でだけ料理をしていた私たちが、これからお店で、お客さまに出すために、安定した美味しさ、料理の見た目など、品質を維持していかなければなりません。考えるだけでとても緊張しました。

試行錯誤の末にメニューを決め、次は備品の準備です。友だちの紹

介で埼玉にあるリサイクル品販売の倉庫まで行き、レストラン用のお皿、スプーンなど何箱か購入するつもりでしたが、いきさつを知った社長さんはその場で無料で提供してくれました。私たちには初期投資のお金などあるはずがなく、準備はすべて各自のポケットマネーからだったので、社長さんのご配慮が心に染みました。

こうして2016年2月、ついに第一回目のレストランをオープンすることができました。正直なところ、これほど早くオープンできるとは思っていなかったので、オープンする日が近づくにつれて、嬉しさと共に心配や緊張感が膨らんでとても複雑な気持ちでした。

レストランはその後も、里親や地域の皆さんがお客さんとしてたくさん来てくださり、毎月第二日曜だけオープンする希望レストランはこうして4年以上続いています。

これからも、レストランの繁栄とともに、卒業生と希望の村、卒業生と里親、レストランとお客様、それぞれのつながりがより強くなるように願っています。

こんなメニューが食べられます

これまでのメニューからいくつかをご紹介します。メインは月替わりの麺など二品と毎月お馴染みのバインミーから一品を選んで、前菜の春巻き&野菜サラダとデザートのセットがお得です。単品での注文もできます。練乳入りのベトナムコーヒーも追加できます。

春巻き&
野菜サラダ
月替りで
二品ご用意

蒸し春巻きとサラダ

バイン・ナムとサラダ

揚げ春巻きとサラダ

生春巻きとサラダ

メインの月替りでは
ベトナムの
様々な麺が登場します

牛肉のフォー

鶏肉のフォー

ブン・リュウ

海鮮フォー

デザートは
月替わりで一品。
各種チェーをはじめ
他では食べられない
ベトナムスイーツも
食べられます

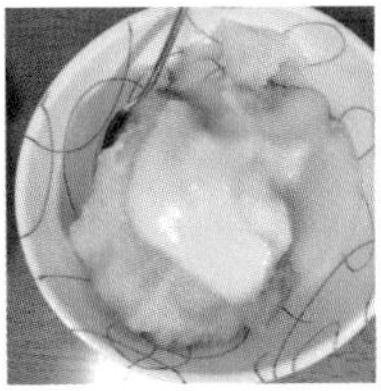

たっぷりの練乳に
コーヒーを落とします。
ベトナムは世界2位の
コーヒー産地です

ベトナムコーヒー

バインミー

バインミーは
セットメニュー
にもできます。
テイクアウトも
おすすめです

ミークアンは
お米の平麺に
ダシをからめて
ライスペーパーを
割ってトッピング。
お好みでチリソースを
かけてどうぞ

ミークアン（中部名物）

焼肉ビーフン

ベトナム風ビーフシチュー

ブン・チャー・カー

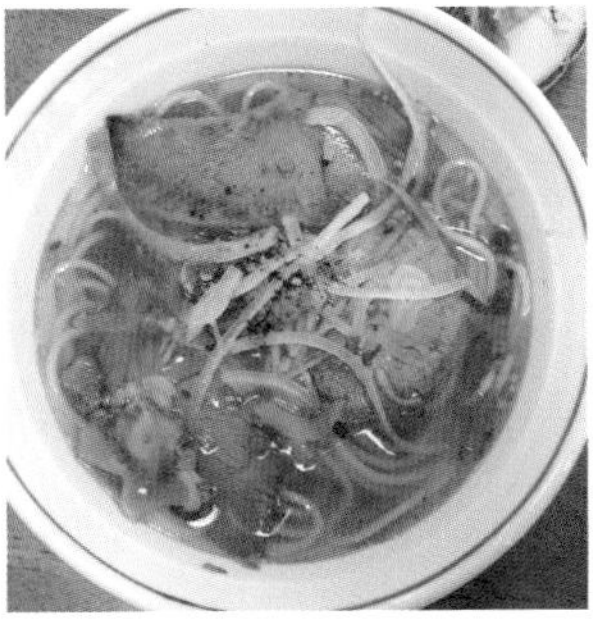

ブン・ボー・フエ（中部名物）

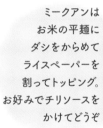

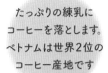

レストランのメンバー

希望レストランのメンバーを紹介します。

私たちは、全員が希望の村の来日卒業生です。

希望の村には「ファミリー」というユニットがあり、小学生から高校生まで、さまざまな年齢のこどもたち10人くらいが大きな部屋で一緒に暮らします。そして希望の村は、すべてのファミリーが合わさって、ひとつの大きな家族です。

私たちは、希望の村で過ごした時期はそれぞれ違いますが、ちょうどファミリーくらいの年齢の幅があります。私たちは、普段はそれぞれの場所でそれぞれの目標に向かって頑張っていますが、このレストランでまたつながって、希望の村でいまを暮らす子どもたちを支えるために力を合わせています。

希望レストランは、私たちに想いを重ねてくれる私たちの友だちや里親、さらにその周りのたくさんの方たちに大きく支えられています。その輪がもっともっと広がっていくことを願っています。

◆希望の村に入ることになった理由　◆希望の村に入った年齢

ラン

1986年生まれ
◆両親が亡くなった
◆9歳

2009年に来日した希望の村の最初の留学生です。日本語学校を経て、上智大学で社会福祉を学びました。卒業後、老人ホームに勤務しながら、希望レストランをみんなではじめました。日本で色々な人に会えて人脈が広がり、面白く、学ぶことが多かったです。日本の四季、文化、料理が大好きで毎日が楽しかったです。バイトをいくつもかけ持ちながら学校に行くのが一番大変でした。

2019年にベトナム系アメリカ人と結婚。現在はハワイで育児中。希望の村の里親にもなりました。

ビン

◆1988年生まれ
◆母ひとり親で経済的理由
◆5歳

日本語の勉強を続けたかったので、留学して産業能率大学に入学しました。大学で多くの友だちができ、ゼミでは日本各地に行くなどしました。学費を払うのが大変で、時間を調整しながらアルバイトもしました。現在、輸送と貿易関係の会社で働いています。日本とベトナムを繋ぐ仕事をしたかったので、実現できていることが嬉しいです。日本に来てよかったことは、ベトナムとは違う文化に出会ったことです。両方の文化の良いところをこれからも生かしていきたいです。もうひとつ、生涯の伴侶に巡りあったことも（笑）。

ガー

◆1992年生まれ
◆父が台風による船の事故で亡くなった
◆13歳

日本スクールオブビジネスを卒業し、日本語学校で事務の仕事をしていましたが、新型コロナの影響で退職し、福島市の派遣会社に就職しました。エンジニアとして働いているベトナム人のフォローをしたり、エンジニアの募集と採用を担当しています。職場の人たちは、とても親切で、仕事だけでなく生活面も助けてもらっていて、働きながら教習所に通っています。

学生時代、楽しかったことは、国際的な友だちができたこと。大変だったことは、学費の支払いでした。将来はベトナムに帰り、日系企業で働きたいと思っています。

フーン

◆1994年生まれ
◆父が台風による仕事の事故で亡くなった
◆8歳

当時ベトナムでは大学を卒業しても、なかなか良い仕事につけないので日本留学を決意しました。

関西大学ではたくさんの友だちができ、日本的な考え方やマナーなどが勉強できました。コンビニのアルバイトでも、日本の日常に触れ、より日本を理解できました。

あしなが育英会の寮に住んでいたので、様々な文化の人と交流ができて楽しかったです。一番嬉しかったのは日本語能力試験N1を取れたことです。就職は、コロナで厳しい状況でしたが日本の製造会社に決まり、4月から島根県で働いています。

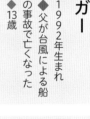

ルー

1994年生まれ
◆父が喘息で亡くなった
◆13歳

朝日新聞の奨学生で、新聞配達をしながら、東京観光専門学校を卒業しました。2021年4月から北海道のホテルで働いています。夢は、日本で就職することだったので、希望が叶って嬉しいです。専門学校では、慣れるまでに時間がかかりましたが、その時できた友だちのお陰で楽しく過ごすことができ今でも感謝しています。ベトナムでも友だちはたくさんいましたが、日本に来たことで生活が一変し、周りの人も変わりました。留学生、公民館の先生、新聞配達する仲間、偶然に出会った人々が私をずっと支えてくれました。

ラー

1994年生まれ
◆台風で一家を支えていた兄が亡くなった
◆11歳

勉強していた日本語をもっと勉強したい、そして日本の生活や文化も経験したいと思って日本に来ました。色んな国の人と友だちになれたことが、日本に来てよかったと思えることです。景色のきれいなところへも遊びに行きました。

日本語学校を卒業した2019年ベトナムに帰り、希望の村の日本語クラスや自宅で日本語を教えています。今は結婚した彼と鶏を飼い、販売していて、ダナンのオーガニック食料品店に供給しています。仕事は忙しいですが、将来自分の店を持ちたいので、毎日頑張っています。

ヤン

1995年生まれ
◆台風で父が亡くなった
◆9歳

朝日新聞の奨学生で、新聞配達をしながら、自動車の専門学校で整備を勉強しています。授業は面白く、役に立つことを教えてもらえるので、毎日学校に行くのが楽しいです。大変なことは、時々授業中に眠くて集中できないこともあることです。教習所にも通い、運転免許も取りました。

日本に来てよかったことは、日本語だけでなく他のことも勉強になっていることです。スキーまでできるようになりました。そしてスキーが大好きになりました。

将来の夢は、ベトナムで自動車整備会社を作ることです。

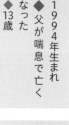

フン

1995年生まれ
◆父は遠方で仕事。母は交通事故で亡くなった◆11歳

「笑顔がいいですね」と里親さんに言われることもあって、将来はベトナムにある日本のホテルで働きたいと思っています。希望の村で勉強していた日本語を続けたくて「さくらフレンズカフェ」で働いていた時に、日本のことを学んだことが留学に繋がりました。今は朝日新聞の配達をしながら、専門学校でビジネスの勉強をしています。毎月給料をもらうのが楽しみだけど、いつも眠いのが大変です。学校では色々な国の友だちができて、日本語で話すのが楽しいです。好きなことは、サッカーと音楽。日本の音楽もよく聞きます。

クァン

1998年生まれ
◆父が台風による船の事故で亡くなった◆8歳

今は朝日新聞の奨学生で、新聞配達をしながら、専門学校でITを勉強しています。楽しいことは、先生と会話することです。大変なことは、寝不足です。授業を休んで寝たいと思う時もありますが、将来のために頑張って、休まずに学校に通っています。勉強はとても難しいです。学校での授業に間に合うようにベトナム語の資料を探して、独学しています。日本に来て、たくさん優しい人に会いました。国語の教師だった人に日本語を教えてもらいました。

将来は、ITエンジニアになりたいです。

リー

1996年生まれ
◆父不在で母は病気がち、祖母が育ててくれた◆9歳

朝日新聞の奨学生です。配達の仕事で大変なのは、雪や台風の時。滑って転ぶと新聞が落ちて濡れます。寒いし、お腹もへっているけど、新聞の交換に販売店に帰ります。でも、社員の皆さんが親切で、手伝ってくれるのが嬉しいです。無欠席の表彰でスキーにも連れて行ってくれました。2年間の日本語学校を卒業し、今も配達をしながら、ホテルの専門学校に行っています。日本に来た最初は、早口の話が分からなかったけど、今は学校の友だちと日本語で話すのが楽しいです。将来はベトナムで日本語観光ガイドになりたいです。

リレートーク1

希望の村 の卒業生に、希望レストラン について聞いてみました

どうして月一回、第二日曜だけのお店なの？

●勤めている人や朝日新聞の奨学生たちで運営しているので、翌日の新聞配達に支障がないように、新聞休刊日の前日の第二日曜なのです。

どうやって運営してるの？

●月替わりのリーダー制です。だれもが順番にリーダーになります。

●リーダーは、みんなで都合を出し合って、一年間分の担当を決めます。それは、みんなが運営に責任を持つことと、責任者の苦労がわかるようにしたいから。

リーダーの役割は、まずメニューを決め、食材の調達を考えます。そして各料理の担当者と前日の準備に誰が行くかを考えて、レストラン当日は全体を仕切ります。

●リーダーの仕事は、はじめは難しかった。でもメニューを決める時はみんなで決めるし、やり方が分からない時はみんなが応援してくれます。

●レストランの場所は借りているので、朝、室内の写真を撮って、片付け後に元通りになっているかを写真をみながらチェックします。元通りになっていないと、貸主さんに迷惑をかけてしまいますから。

美味しい！　って評判。メニューはどう決めてるの？

●最初は、ランさんがアルバイトをしていたベトナムレストランのランチメニューを参考にしたり、自分の家で作っていた家庭料理をメニューにしました。

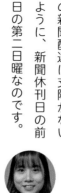

今は、新しいメニューを試作してメニューを増やしています。

●リーダーがとりあえず自分が食べたいメニュー（笑）にしたり、寒い時は温かい物をとか、先月と同じにならないように考えて、みんなで決めています。

●食べたいものもいいですが、節約を考えて在庫を確認してメニューを決めることも大切ですね。

？ 料理はだれが作っているの？ どのくらいの量をつくるの？

●フォー、春巻き、バインミー、サラダなど、その日ごとそれぞれの料理担当になった人が作ります。作る量は、お天気情報とか連休とかを考えて決めます。連休はお客さんが少ないので。

？ どこかで習ったの？

●習ったわけではないので、初めは春巻が巻けなくて、会社が終わってからみんなで練習しました。特に揚げ春巻きは、きちんと巻かないと揚げている時に、破れてしまうので大変でした。

●どうしてかと言うと、ベトナム料理と言っても、レストランのようなきちんとした春巻きは、家ではやらないのです。家では日本の手巻きずしのように自分で巻いて食べます。

●レストランの生春巻きは南部の巻き方なのです。

？ 料理で気を付けていることは？

●そうですね。まずは衛生的であること。そして食材が新鮮で、美味しくて、きれいに盛り付けること。そしてみんなで協力してスムーズに出すことです。

●味付けが毎回同じようになるよう気を付けています。

？ お客さんが多いと大変そう。接客は誰が担当しているの？ 気を付けていることは？

●料理と同じで、その日の担当者です。気を付けていることは、注文を間違えないこと。お待たせしないようにすることです。そして今日の料理がどんな料理で、どんな食材を使っているか、

お客さんに説明できるようにします。

●時間のある時は、一人でいるお客さんに話しかけるよう心がけます。気持ちよく食事をしてもらいたいし、日本語の勉強にもなるので。そしていつもお客さんに気を配っています。でも一番大事なことは笑顔とご挨拶です。

？　新聞配達や仕事をしながらのレストランですが、大変なことは何ですか？

●勤めている人は、平日仕事で、土日はレストランで休めません。新聞配達の僕たちは配達を終えてからレストランに来るので、睡眠時間が少なく眠いです。

●はじめは、試作、買い物、作って冷凍する、運ぶなど一週間かけて準備していました。前日の土曜日は、出られる人が出て、4～5時間かけてスープを煮込んだり、揚げ春巻きは巻いて、蒸し春巻きは作っておきます。バインミーの肉を焼いておくなどの下ごしらえもしておきます。

？　土曜日は下ごしらえ！大変ですね。これまで苦労したことは？

●はじめた頃は土曜に出られる人は、2、3人だったので、準備をする人は、その日家に帰るのが夜中の12時とか1時でした。調味料や調理器具はランさんの家に置いていたので、レストランの日は、終わってからレンタカーで運ぶのだけど、道に迷ったり、渋滞に巻き込まれて、時間までに返すのが大変でした。ある時、駐車場に駐めていたら、車に傷がついてて、7万円も賠償しました。利益はそんなにないのに。それでレンタカーはやめて、みんなで運ぶことにしました。

？　宣伝はどうしているの？

●毎月自分のFacebookにお知らせを載せます。離れて住んでいてもできるので。あとは、近所の人にももっと来てもらえるようにチラシを配ったりして、レストランのことを広めていきたいです。

（構成・佐藤かおり）

希望レストランの応援団

日本に留学している希望の村の卒業生たちが、大倉山にベトナムレストランを開いた。

当初の心配をよそに、店は大賑わい。外には三々五々待つ人々。中では、調理、盛り付け、オーダーを受け、料理の提供と、卒業生達は大わらわ。シンクにはお皿が次々と積まれていく。少しでも手伝おうとキッチンの洗い場に立った。食器を受取り、洗い、拭くの繰り返しでその日を終えた。いや〜疲れた！

その後、毎回里親メーリングリスト（P68）で手伝いを募った。レストランの応援団だ。手助けになることはなんでもする。ベトナム料理用の食材や調味料を自宅近辺から運ぶ、店内ではコーヒーを淹れる、会計やオーダーを受ける。お客さんたちとの情報交換や会話も大切だ。キッチンでは、洗い方とベトナムサンドイッチの「バインミー」の仕上げを手伝う。バインミーは近隣の人たちも持ち帰りで買いにくる。パンに焼き豚やなます等の具材を入れていく。最後にかける焼き豚のたれが逸品だ。時にデザートのチェーを小鉢に盛り付けたり、肉をスライスしたりと、里親に任せてくれる役割も広がる。

毎回手伝いに来る人、はるばる遠方から手伝いに来る人、勿論お客さんも食べる応援団で、その層は多様だ。雨天や連休は、数量の予想が難しく、時にはバインミーや春巻き、焼き豚や食材が余る。そんな時は応援団の出番。「春巻き5個買うね」、「私は焼き豚が欲しいな」と、直ぐにはける。店が盛況で、麺もバインミーもデザートも、何もかもが完売になった時は、卒業生たちは勿論のこと応援団の私たちにとっても嬉しい瞬間だ。

卒業生や里親たちと交流ができ、隣り合った新しいお客さんとも語り合い、友だちになれる。そして美味しいベトナム料理が食べられる。ここは誰でも入れてみんなで作る希望の場所だ。

（佐藤かおり）

レストランの一日

希望レストランは
毎月こうしてひらかれています

2週前
メニューを決める

前日
前日朝10時に集合し買い物と仕込み

仕込みは
スープ、
チャーシュー、
バインミーの野菜甘酢漬け、
春巻きの下準備など

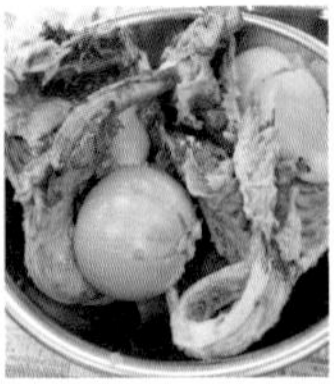

当日
荷物をはこぶ

9時
野菜、麺などの準備を始める
バインミーの具材入れ

店内の元のレイアウトを写真に撮る
写真やメニューを窓に飾り付ける
テーブルのセッティング
レストランのバナーを外に出す

10時
サラダ作り、生春巻きを巻く、揚げ物、
スープの味見など作業を進める

全員ミーティング

コーヒーと会計の準備

OPEN
お客様が入り始める

11時
お客様一人ひとりに、
メニューを説明する

レストランのバナー

店頭ではアートさくらグッズも販売しています(p122)

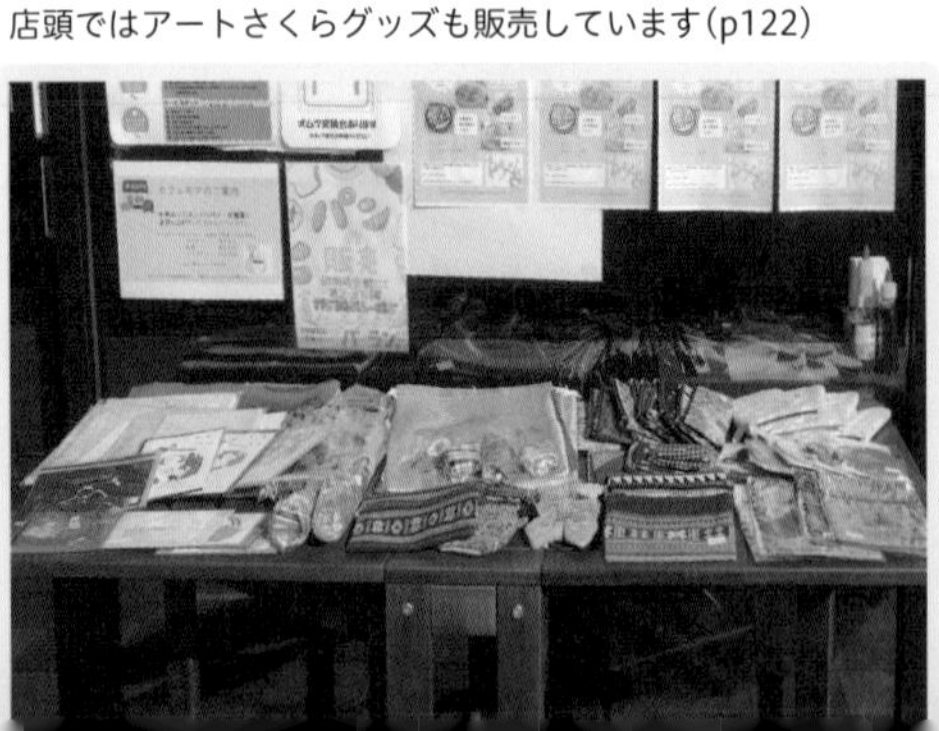

12時 13時 14時 15時 CLOSE 16時 17時 18時

オーダーが次々に入る

満席になり、あちこちで話の輪ができる

調理場、洗い場、大忙し

何組かのお客様が外で待っている

里親スタッフ
洗いもの

バインミーの持ち帰り注文が多く入る

タイミングよく料理をお出しする

メンバーようやく昼食

お店の掃除

片付け、清掃、ゴミ出し

写真を見ながら店内を元の状態に戻す

リストを元に最終チェック

戸締りして帰路につく

今日も無事終了

ホールとキッチンの連携が大切

年に何度かイベントもあります

里親スタッフ
お客さんとお話しする

リレートーク２

？ いままでの失敗や大変だったことは？

●お客さんに別の料理を出してしまった。でもお客さんは、ベトナム料理が分からないので、それを食べてしまった。

●最初はスタッフも少なかったし、慣れないことばかりで大変だったけど、周りの人が応援したり教えてくれたりして今はもう大丈夫です。

●仕事で疲れていても、土日休めないから大変。土曜に出たら、日曜は休みたい。

●予想よりお客さんが、来なくて食材が余ってしまった時は困りました。でも、里親の皆さんが買ってくれたので助かりました。

●揚げ春巻きを焦がした時、生春巻きをお客さんに勧めました。

●ベトナムからわざわざ持ってきた物、例えばフォーのソースなど、使い切ることができなくて賞味期限が過ぎて捨てるのは、もったいない。

●土曜にスープを2種類作り、日曜にそれぞれの料理に調味料を入れればいいことになっていたが、調味料を逆に入れてしまったことがあります。でも何とか味を調整して大丈夫でした。

？ 楽しかったこと嬉しかったことは？

●私たちの利益を希望の村に寄付して、子どもたちが喜んでいることが、嬉しいです。

●何か小さなことでもベトナムの子どもたちに生活や教育支援ができるようになりたいです。

●お客さんと話すことが嬉しいです。とにかく嬉しいことは、お客

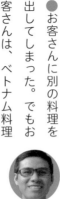

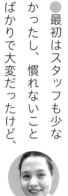

さんがたくさん来ることです。

●お客さんがたくさん来てくれると、忙しいけど、嬉しい。利益が多いのも嬉しい。お客さんと話して、日本語の勉強にもなります。

●毎月みんなに会えることが嬉しい。友だちもきて手伝ってくれてありがたいです。

●お客さんが少しずつ増えて、私たちがしていることが広がっていることが嬉しい。私は料理ができなかったけれど、今はできます。

？レストランをどうしていきたい？

●宣伝にもうちょっと力を入れて、お客さんを増やしていきたいです。ふぇみん以外のお客さんを増やしたいです。

●レストランが長く続いてほしいです。レストランを維持して、地域の人に気軽に来てもらえるようにしたい。

お金の使い方は、みんなで話し合ってよいアイディアを出して意味あることにつなげられれば、モチベーションも上がる。キッチンの整理、一人ひとりの担当の内容をしっかり覚えて少ない人数で動く。テイクアウトをバインミー（ベトナムサンドイッチ）だけでなく、チェー（ぜんざい）もできるようにして宣伝したい。

？お客さんに言いたいことは？

●ベトナムに興味があったら、ぜひ希望レストランに来てください。

●安いし、おいしいし、スタッフは優しいのでぜひ来てください。お客さんが、私たちの笑顔です。私たちは、ベトナム中部の出身なので、中部の名物料理もいろいろつくります。ぜひ食べに来てください。

●バインベオが、美味しいですよ。

●レストランについて知ってほしいです。困っている子どもたちを助けるためのレストランです。一度ぜひ来てみてください。

（構成・澤口康子）

収益と使いかた

Lê Thị Bình ／レ・ティ・ビン

毎月、第二日曜日に開かれる希望レストランには、たくさんのお客さんが来てくださり、2016年2月にスタートしてから4年間の収益は、約165万円になりました。その収益をどう使ったか、そして、これからどのように使いたいかお話したいと思います。

これまで

1 希望の村へ 手話教育や職業訓練など

手話や刺しゅうをはじめとする職業訓練のための経費を、毎年送ってきました。そのほかには、希望の村のテレビが壊れ、

レストランの収益で2017年に購入したテレビ

希望の村とは？

「希望の村」は生活困難な状況にある6歳から18歳の子ども約130人が暮らすダナン市管轄の民営児童養護施設だ。聴覚障がい児の初等教育施設としての機能も持つ。運営資金は主として国内外からの寄付によって賄われるが、継続的な支援を行う「ふぇみん」が大きな部分を担っている。2021年は、小学生29人、中学生30人、高校生19人、聴覚障がい児45人、計123人が在籍している。スタッフは23人。また村では卒業後の自立を目指して、縫製、刺しゅう、調理、木工、切り絵のカード作り、絵、コンピューターなどの職業訓練を行っている。その多くをふぇみんが支援し、先生を招いている。

パソコンの授業

なにが必要か子どもたちと相談

しばらく一台もなかったため、ダナンにいる卒業生と協力してテレビを二台購入しました（２０１７年）。ベトナムに帰郷したとき、希望の村の子どもたちと相談し、図書室のプリンターも買いました（２０１７年）。

2 技能実習生や日本の被災者への支援

希望の村以外への寄付もしています。東日本大震災で被災した子どもたちへの支援活動へ（２０１８年）。大型台風による栃木県佐野市の水害被害へ（２０１９年）。また、困難な状況に追い込まれたベトナム人技能実習生を支援している東京の寺院「日新窟」（２０１９年）と、埼玉の「大恩寺」（ベトナム人僧侶タム・チーさんがいる寺院）へ寄付しました（２０２０年）。

みんなで草取り

手話の授業

ごはんの時間

これから

1 これまでどおり希望の村への支援

- 手話、刺しゅうなど職業訓練の経費の一部へ
- 子どもたちの制服、学用品などへ
- パソコン、プリンター、テレビなどへ
- 小学生、中学生、高校生向けの図書（新聞、絵本、漫画、物語、図鑑）などへ

2 希望の村の子ども以外で困っている人に寄付する

- 山岳地帯など少数民族や地方の困っている人を支援する。
- 留学生、技能実習生などで病気や生活で困った時に寄付や貸し出しを行う。
- 日本で困っている人を支援する。

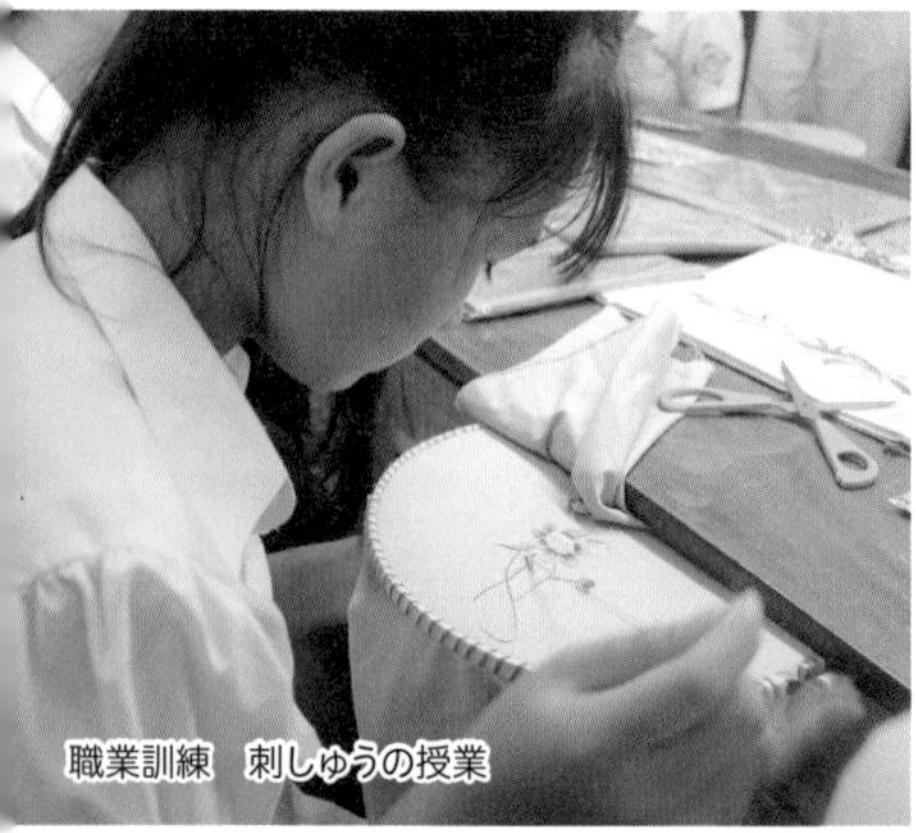
職業訓練　刺しゅうの授業

手話でおはなし

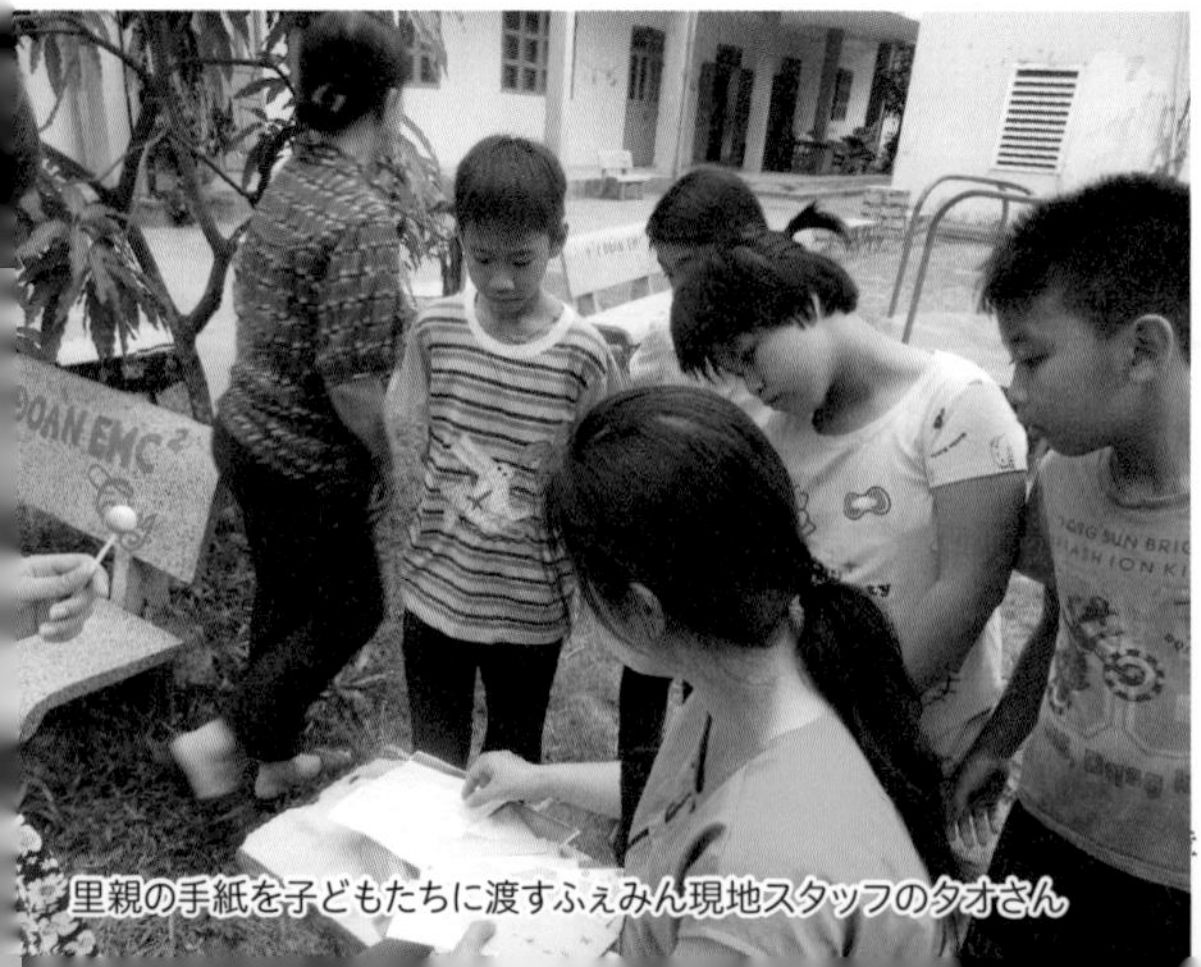
里親の手紙を子どもたちに渡すふぇみん現地スタッフのタオさん

そして

今後の希望レストラン

●今後もお客さんとスタッフが一緒に楽しめるよう運営したいです。

●スムーズな運営のために、キッチンの整理と、一人ひとりの担当の内容をしっかり覚えます。

●宣伝にもう少し力を入れます。例えば、チラシを作って近所に配っていくなど。

●多くの人に希望レストランを知ってほしいです。

みなさまへ。希望レストランに来てくだされば、ベトナムのこと、希望の村のことをいろいろお話しできますので、ぜひ来てください!!

希望レストランの厨房

希望レストランの店内

希望レストランの入り口

里親の希望の村宿舎訪問

里子と里親の交流

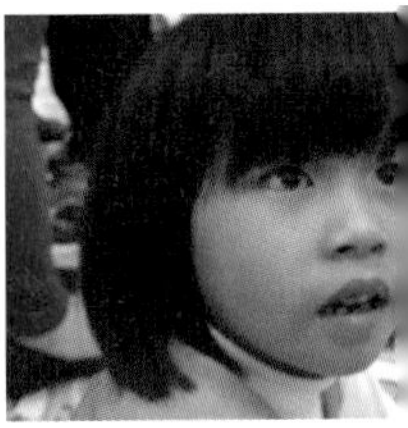

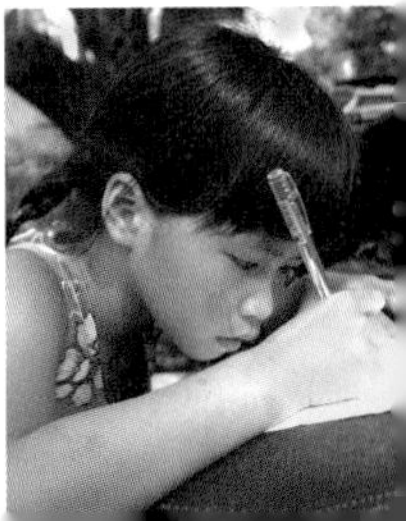

つながる人々

ベトナム希望レストランは
たくさんのひとたちに支えられています

国際貢献として

社会福祉法人かれん　新堂泰江

「かれん」初代理事長の市村順子さんは作家の佐多稲子さんが婦人民主クラブの代表をなさっていた時に事務局として活動なさっていました。ふぇみんの応援でホー・ティ・ランさんが日本で勉強していた時、自宅で療養していた市村さんのケアに入ってくださいました。そのランさんたちから、育った施設、希望の村を応援したいという気持ちをうかがい「カフェモア」をベトナム希望レストランに月に一回お貸しすることになりました。ベトナム希望レストランは、「かれん」のほんのささやかな国際貢献となっています。

何があっても続けたい

ド・ティ・トゥ・ニー

私は希望の村の卒業生ではないのですが、ダナンの「さくらフレンズカフェ」でアルバイトをして、希望の村の活動を知りました。一緒に働いていたビンさんが留学し、その後私も日本へ留学しました。2015年から日本でビンさんと一緒に住み、希望レストランの準備を皆さんと一緒にするようになり、今この活動に参加しています。

最初は学校・アルバイトと時間がなくて大変でしたが、やめませんでした。皆との関係は運命の関係と思っているので、続けたかったのです。

レストラン3周年記念コンサートで　左から二番目がド・ティ・トゥ・ニーさん

仕込みの日は大変ですが、販売完了したら嬉しいです。利益で希望の村の子どもたちを応援していますので、何があっても希望レストランの活動を続けて行きたいと思っています。

希望レストランに誘われて

里親　志村鈴代

そこは美味しいベトナム料理だけでなく、清々しい若者たちの人なつこい笑顔と、驚くほど面倒見の良い里親の皆様の笑顔で、ほっこり気持ちの良い空気に満たされていました。毎月の希望レストラン通いは、月一の楽しみとなり、そして私も里親になりたい、なるなら今と、呆れるほどのスピードで思いを膨らませてしまう事となりました。かれんの基礎を築いた市村順子さん宅でお手伝いをしていた、まだあどけなさの残るランちゃんに出会ったのは何年前のことでしょう。私もようやく困難を抱えたベトナムの少女の成長に寄り添う一員となれたこと、有り難く幸せです。

希望レストランで　後列左が志村さん

学生たちの成長が楽しみ

ダナンさくら日本語センター元講師

大迫司

さくらフレンズカフェとの出会いは2013年4月。さくら日本語センターの講師として赴任したその日でした。一階にあるカフェで甲斐甲斐しく働く若者たちのほとんどが、日本への留学を目指していました。その時の若者たちが留学し、希望レストランを運営しています。留学生たちとは、私の帰国後も交流が続いていますが、希望レストランは私とダナンを結ぶ新たな機会となっています。ダナンで偶然出会い、日本語を一緒に勉強し、新聞奨学生として日本へ送り出した学生たちが、それぞれ日本で頑張り、就職・結婚し、成長していく姿を見るのが楽しみです。

従業員とレストランへ

朝日新聞西所沢販売所
所長　吉谷宏史

私が最初に希望レストランのことを知ったのは4年前に当社に希望の村出身の学生が入社したことがきっかけでした。日本に留学後ボランティアとしてレストランで働き、売り上げから後輩に学用品を贈呈する活動を知り、ふぇみんの皆さまのご協力があることを知りました。私も会社のベトナム人を10人程連れて、おいしいベトナム料理を食べに何度もレストランに行き、2年前にはダナンの希望の村を訪れ、厳しい環境下でも心豊かな人に育つ原点を見ることができました。またこの春に、希望の村出身の2名の学生が卒業し、新しい学校、職場に進みました。

ベトナム希望レストラン

神奈川県横浜市港北区大豆戸町 3-3 シェモア大倉山１F　ギャラリーカフェ　カフェモア内

毎月第二日曜に開催します。1月と8月はお休みです。

レストランの開催については、ふぇみん（03-3402-3244）にお問い合せください。
ダナン希望の村ブログ（https://femin-village-of-hope.at.webry.info/）でもお知らせします。

「ベトナムの子どもたちに笑顔と教育を送る会」来日希望の村卒業生

●ホー・ティ・ラン　●レ・ティ・ビン　●チャン・ティ・ガー　●グエン・ティ・ビック・フーン　●グェン・ティ・ホン・ルー　●ホァン・ティ・ラー　●チン・ジオン・ヤン　●フィン・コン・フン　●グェン・バン・クァン　●レー・ティ・リー

ここまで読んでくださった方には、きっとおわかりいただけたと思います。ベトナム希望レストランは、かつて支援を受けた子どもたちが大きくなり、いまは支援する側に回って運営しているお店です。レストランの収益は、希望の村をはじめ、ベトナムや日本でのさまざまな支援に使われています。

みなさまが来店して食事をすることが支援につながっています。お店では、器がたりなくなってお待たせしたり、メニューを間違えたり、なんてこともあるかもしれません。そんな時もどうぞ暖かく見守ってくださいますよう。
ご来店をお待ちします。

（里親スタッフ一同）

二章
希望の村の子どもと里親たち

子どもたちと25年の強い絆を築いて

希望の村所長　Phan Thanh Vinh ／ファン・タン・ヴィン

「ふぇみん」のみなさま、ベトナムで長く、25年間もずっと希望の村を支援してくださって、本当にありがとうございます。

「希望の村」は1993年に創立してから今日まで600人の子どもを育て、450人の卒業生がいます。それぞれよい仕事を得て自立し、すでに結婚して子どもを育てている人もたくさんいます。また何人もが外国へ留学しています。

ふぇみんは、子どもたちの生活と教育のため、毎年多くの支援金を送ってくださっています。学校の勉強以外にも、希望の村での職業訓練への支援もあります。刺しゅう、縫製、カード作り、調理、手話、更にライフスキルの勉強など、子どもたちの成長のために幅の広い学習支援がおこなわれています。

希望の村を卒業してからも、大学、専門学校、職業訓練など自立のための支援を受けています。ふぇみんの支援を受けた聴覚障がいを持つマン君が、昨年専門学校を卒業し、希望の村に戻って教師となって

勉強を教えています。ほんとうに嬉しいことです。

何人もの卒業生が日本語を学び、日本まで留学し、すでに学校を終えて日本でいい仕事を見つけ結婚している人もいますね。日本の里親にとっても希望の村の卒業生が身近にいて、とても嬉しいと、ふぇみんの駐在の人たちから聞いています。日本にいる子どもたちは、毎月一回ベトナム料理のレストランを開いて、収益を希望の村に送ってくれています。卒業生が自ら支援してくれるとは本当にありがたいです。

彼らのおかげでベトナムと日本の間により良い関係が築かれ、ふぇみんと希望の村の間にもますます強い絆が作られていると感じています。

年一回、里親のみなさんは、日本から希望の村へ里子に会いに来られます。職員も子どもたちもこの日のため張り切って準備をします。みなさんは、子どもたちと一日中一緒に遊んだり、家族のように昼ごはんを食べたり、プレゼントを交換したり、おしゃべりして、楽しく過ごしますね。どの顔も笑顔で本当に有意義な活動だと思います。

ダナンの人民委員会もふぇみんが長年生活困難な子どもたちを応援してくれていることに本当に感謝をしています。

現在コロナで、ベトナムではあちこちで経済的にすごく困っていますが、希望の村の子どもたちは安心して生活できています。これはふぇみんが、毎年安定して支援をしてくれているおかげです。心から感謝申し上げます。ふぇみんのますますの発展と里親の日本のお母さん、お父さんのご健勝を心からお祈りいたします。

里親たちのベトナムツアーにてゲームで勝ったチームに賞品を贈るヴィン所長（右）▶

支援のはじまりと三つの「ふしめ」

創始者レ・リさんとの出会いから

その始まりは一本の電話だった。1995年3月、「ふぇみん」新聞の読者伊藤眞矢さんからだ。「和歌山にレ・リ・ヘイスリップさん（「希望の村」創始者）を招いてチャリティ講演会をするけれど、東京でも何かする？」というものだった。即座に「やるわ！」と言った。そこからふぇみんの児童養護施設希望の村支援の25年が始まった。

レ・リさんはベトナム戦争末期に、脱出するようにアメリカに渡ったが、望郷やみがたく1986年のドイモイ（刷新）政策の後、やっとの思いで故郷キラ村を訪れる機会を得た。しかしそこで見たものはベトナム戦禍の爪痕と人々の貧困だった。以後、レ・リさんはアメリカで築いた私財をなげうち、平和への祈りをこめて小さな病院「平和村」と子どものための施設希望の村を設立、支援活動に奔走した。

レ・リさんの自叙伝『天と地』*は、ベトナム戦争時、アメリカ軍が初上陸したダナン中部の激戦地で戦禍に苦しむ農民の生活と自身の波乱の人生を描いたもので、オリバー・ストーン監督により映画化され、日本でもメジャー映画館で上映されていた。（ベトナム帰還兵だった同監督のベトナム戦争3部作の一つ）

一方、伊藤眞矢さんは被差別部落の古いお寺の生まれだが、自身は医者となった。

*レ・リ・ヘイスリップさんの自叙伝『天と地』は、角川文庫で出版されている（全4冊）

1990年　映画「天と地」のポスター

父親の「部落に病院を」という悲願を受け継ぎ、和歌山・高野口に病院を開設。「ふぇみん」新聞のインタビューにも登場した。

年間4万円で一人の子の支援

私は「天と地」の映画を見て、彼女の本を読んでから、すっかりレ・リさんのとりこになっていた。日本に来たレ・リさんを成田に出迎えに行く時に同行したふぇみんの人がアメリカ式の濃い化粧の写真を見て、「フィリピンのイメルダみたいね」と言った。「えー、そうだったらやだなあ」。成田空港で大きな荷物を4個もかかえて、すっぴんで出てきたレ・リさんはまさに映画に出てくるベトナムの農民そのもの。思わず「レ・リ」と抱きついてしまった。庶民派の彼女の感性は私にぴったりだった。

ベトナム戦争終結20周年。「すべての人が癒されない限りベトナム戦争は終わらない」と題した1995年6月の講演会は400人を集め、大成功だった。翌日ふぇみんの事務所でレ・リさんと話し合い、年間4万円で一人の子の支援ができるということで、「その位ならなんとかなる」と希望の村の支援が決まった。ふぇみんの新聞紙上で「里親」を呼びかけると20人の応募があった。金銭的な支援は全体として希望の村に送るものの、「里親」は「里子」と1対1の関係を作り、手紙などでコミュニケーションをとることとした。「子どもに直接会い、肌でベトナムを知ってほしい」と年に一回、里子に会うベトナムツアーも行い、23回を重ねている。その後、毎年里親は増え続け、150人前後を推移している。

（北村敏子）

講演会でレ・リさん（右）は支援を呼びかけた

独自の支援をはじめる

こうして重ねた希望の村との25年には3つの大きな「ふしめ」があった。一つ目は創始者レ・リさんが去ったこと。二つ目は自立支援の開始。三つ目は留学である。

支援2年目の1998年、レ・リさんは里子訪問ツアーの参加者の前で突然「私は希望の村の運営から身を引きます!」と切り出した。誰もが耳を疑い、衝撃が走った。私たちはレ・リさんの訴えに共感し支援を始めたのに一体どうしたことだ。自ら創立し希望の村をサポートしてきたアメリカの団体EMWF*の本部との間に、運営上の意見の違いが生じている、とのことだ。

私たちはレ・リさんのいない希望の村との関係は考えられない、と落ちこんで帰国した。だが希望の村で元気に生活する子どもたちの姿が何度も思い返され、そして気づいたことは「支援するのは、レ・リさんという創始者にではなく、ここで毎日生活する子どもたちに対してなのだ」という当たり前のことだった。希望の村を再訪し、所長に、「希望の村に直接の支援をしたい」と子どもたちへの変わらぬ思いを伝えた。

これまでは子どもたちの成長記録などはEMWFが行っていて、時々英語の通信が届いた。直接支援となれば自分たちがやるべきことは多い。親交のあったさくら日本語センターに依頼し、手紙の交換や年一回のツアー等を現地で支えてもらうことにした。希望の村に日本語の先生を派遣して「日本語教室」を始めると、真っ先に参加したのがビンさんだ。「授業は眠くて遊んでた」と当時を語るが、この日本語教室こそがビ

*EMWF：East Meets West Foundation
レ・リさんが1987年に創立したアメリカの国際支援のNGO。レ・リさんはその後、Global Village Foundation というNGOを立ち上げ、アジア支援の活動を続け、ふぇみんも時々交流している。

1998年、この話し合いで「ふぇみん」は希望の村を直接支援することになった

ンさんを、その後のふぇみんとの長い歩みにつなげた因縁の場と言える。ビンさんは２００５年、ふぇみんの初めての研修生として日本にやってきた。白い帽子のよく似合う純朴そのものの17歳。９日間、各地の里親たちと交流した。

ふぇみん事務所でお手伝い

さて二つ目のふしめは自立支援だ（Ｐ74）。２００６年ふぇみんは駐在員を置いて、個々の子どもへの自立支援を行うようになり、ビンさんは自立支援の第一期生として貿易の専門学校と日本語学校に通うようになる。日本語学校施設内にはふぇみんの事務所があり、授業の後にお手伝いをしてくれるようになった。早く来ないかなと駐在の私は、毎日ビンさんの出現を心待ちにした。駐在員は毎週、希望の村へ行って里親からの手紙を届け、部屋の子どもたちと交流し日本語を教えた。一人ひとりの子どもたちの顔が名前付きではっきりわかるようになった。いたずら坊主も多く、先生たちが苦労している様子もよく見えるようになる。

そして第三のふしめが２００９年からの留学だ（Ｐ92）。ランさんを初めにこれまで13人が来日し、今日のベトナム希望レストランの活動につながっている。

自立支援や留学によって、里親は里子の成長する姿に、長く、より身近に接するようになる。進学、就職の他、最近では結婚、出産などの嬉しい報告や招待状が届くこともある。だが中には病気や若い卒業生が亡くなるという悲痛な知らせもある。長いつき合いの中で里親たちは一人ひとりの成長に触れ人生の節目を見守り、時には辛いことにも寄り添って関係を築いている。

（竹内みどり）

東京・原宿のふぇみん事務所で
来日卒業生が「里親通信」発送をお手伝い

子どもたちの生活

希望の村は「私を育ててくれた大切なおうち」

希望の村とは、生活困難な6〜18歳の子どもたちを受け入れている児童養護施設である。入所して来る子どもたちは、孤児や低所得の一人親、親が病気などによる貧困家庭の出身者が多く、学校はもとより、食事を始めとする日常の世話が行き届かない家庭から来た子どもたちが多い。親や親せきたちは何とか満足な食事と学校へ通わせることを願って希望の村へ子どもたちを託している。

また、希望の村は聴覚障がい児の初等教育も行っているので、彼等も健聴児と一緒に生活しながら学んで

代表インタビュー

ガイちゃん（16歳）
とても真面目で成績も優秀。
数学が一番得意だと話してくれた。

希望の村は実家の次に大切な私の家です。私たちのような生活の大変な子どもたちを受け入れて、先生や寮母さんたちは愛情をかけて育ててくれます。部屋や服装の整え方なども教えてもらいました。

希望の村の朝は5時の鐘で始まります。私が村に入ったのは小学2年生だったのでなかなか起きられず困りました。3週間ぐらいでやっと慣れて、8年経った今ではもうすっかり平気です。まずは歯磨きと掃除をします。みんな分担があって、私は部屋の掃除と整頓です。それが終わってから皆と食堂に行き6時から朝ごはんです。

いる。

子どもたちは年長の子をリーダーに一部屋10人くらいからなる「ファミリー」として生活し、ろうの子も一緒なので、健聴の子たちも自然に身に付けた手話でコミュニケーションしながら暮らしている。

私は高校一年生ですが、学校は二部制で午前の授業に出ています。学校から帰って昼ごはんを食べると、部屋のお姉さんとして小さい子たちの昼寝の世話をします。このあと4時までは明日の学校の準備をします。そして4時~5時は自由時間、ホッと一息リラックスします。5時になったらシャワーを浴びて、次は6時の夕ごはんです。スープの準備を手伝います。食後は皿洗いをし、7時から就寝ベルの9時までは自習時間です。
部屋のお姉さんとしては、小さい子どもたちがちゃんと仕事しているかもチェックします。これがなかなか大変で、教えたようにやってくれないので困ります。仕方ないので寮母さんに相談することもあります。
希望の村では学校以外のことを夕方や日曜日に教えてもらえます。8年間で料理をたくさん作れるようになりました。コンピューターではワードやエクセルも勉強して文章も作れます。刺しゅうや縫製も少しできます。工夫して作った手作りカードをお客さんにプレゼントするのが一番得意です。
希望の村でたくさんの人と出会って友だちになり、とても楽しい生活を送っています。

代表インタビュー

トゥンちゃん（聴覚障がい児、18歳）

希望の村で10年を過ごし2021年8月に卒業。手話が達者で、自己表現が豊かで皆の人気者だった。

朝の日課はガイちゃんと同じですが、当番は庭掃除です。朝食後7時15分にはろうの教室に行き黒板をきれいに掃除します。7時半～9時の数学は苦手でうんざりです。でも9時半まで休み時間がたっぷりあるので外で遊びます。9時半～10時半は大好きな国語の時間で、手話でいろいろなことをたくさん勉強できて嬉しいです。11時から食堂で昼ご飯です。その後、12時～1時半は昼寝をします。

課外授業は木曜日だけ特別に9時半～11時に縫製に参加しています。3カ月前に始めて、今ではズボンを縫えるようになりました。月・水・木の4時半～6時は大好きな刺しゅうのクラスに参加しています。刺しゅうクラスがない日は、シャワーを浴びて洗濯をします。夕ご飯を食べた後の短い時間で、友だちとお喋りをしたり、ゲームをしたり、図書室で本を読んだりもします。そして7時～9時は勉強して、寝ます。

希望の村にはろうの友だちがたくさんいるので大好きです。

(Lê Thị Thu Thảo／レ・ティ・トゥ・タオ)

入所したての幼い子どもの中には家に帰りたくて泣き続ける子もいる。しかし境遇の似た子どもたち同士だんだんと慣れていき、長く一緒に暮らした子どもたちの結びつきは強い。ときにはトラブルもあるが、数年を共に過ごし、子どもたちは、後輩たちを弟妹のように思い、先輩たちを兄姉のように慕う。たまには馴染めずドロップアウトしていく子どももいるが、ろうの子どもたちも含めて本当に仲良く暮らしている。（太田敬子）

泣きじゃくる新入生がやっと笑顔に

いたずら小僧とスタッフの学び

　希望の村の子どもたちの大半は、素直でまじめな子どもたちだが、いたずら小僧も結構いて、問題も噴出する。学校に行かずゲームセンターで遊ぶ、希望の村の塀を越えて脱出、夜遊びを重ねる。窃盗、それも希望の村の自転車を売りとばしたり、性的な問題で妊娠にいたることもある。悪童たちは何度も反省文を書くが、また同じことを繰り返す。懲りない面々は希望の村から退所に至るケースもある。

　こうした退所が多くなると「問題児」を退所させればいいのか、との疑問も大いに沸いて、所長と話し合いを重ねる。2014年からは、「困難な子どもたちへの支援」として特別な支援も設けた。やんちゃ坊主の好きそうなサッカーやギターの先生を招いて技術だけでなく生活や精神面でのサポートもお願いした。

　スタッフの姿勢と理解が、子どもたちの教育には何より大切と、これまでなかった職員研修を導入。2017年から「ふぇみん基金」で、年に8回ほど研修を行うこととなった。テーマは「子どもの心理と生理」「問題行動への対応」「ライフスキル」「ろう児教育」「性教育」「栄養」「研修の現場での活かし方」などなど多岐にわたる。

　希望の村には、幼いころから劣悪な環境の中で育った子が少なくない。教育というものは今日、明日でどうなるものではなく、大人たちの温かいまなざしと、長い時間が必要である。この取り組みがどこまで効果があるかは簡単に言えることではないが、悪さをして退所という子が、最近少なくなってきているのは嬉しいことだ。

（竹内みどり）

里子と里親のストーリー

親より

私と四人の里子たち

東京都　北村敏子

　１９９７年3月、初めてのベトナムツアーを組んで、希望の村を訪問しました。何もかも珍しく、カルチャーショックでした。そして里子が踊りの上手なタオさんに決まりました。文化・芸術を身に付けさせたいという、レ・リ・ヘイスリップさんの考えで、この頃の子どもたちは、それぞれの分野で頑張っていました。２人目はトゥイさん、高校を卒業し、希望の村を退所してから、サイゴンツーランホテルに就職、その後、このホテルがツァーの常宿になりました。今は結婚し、女の子が生まれ、すっかりお母さんです。３人目が１人目の子と同じ名前のタオさん、自立支援で幼稚園の先生になりました。２０１１年2月の「さくらフレンズカフェ」の開業祝賀会に会いに来て、結婚したと彼を紹介してくれました。今更ながら歳月の重さを感じました。

　４人目の娘がガーさんです。日本語を勉強し、日本に留学生として来日しました。「えー、また何でうちの子が？」と聞くと、生活困難な学生のための留学制度でさくら日本語センターから選ばれたということでした。ガーさんは我が家にも訪問してくれて、一緒に楽しいお正月を迎えたり、公園でお花見をしたりと、私を気遣ってくれます。希望レストランで、ひと月に一回会うことも楽しみの一つです。今は、就職をして自立した生活をしています。まだまだこれからも、一緒に色々と楽しみたいと思っています。頑張ってね、ガーさん。応援してるよ。

お母さんと一緒に

Trần Thị Nga／チャン・ティ・ガー

２００６年希望の村に入り、その何カ月後かにふぇみんが希望の村を訪れ、その時初めて里親のお母さん北村さんに会いました。希望の村の子たちは毎年、ふぇみんの里親が希望の村に来るのを楽しみに待ち、特に自分のお母さんに会えるのは一番嬉しいことです。私はとてもラッキーで、毎年お母さんが会いに来てくれました。お母さんが、希望の村の舞台で日本の曲を踊った姿が今でも印象深く残っています。

日本への留学が決まって無事に日本に到着し、お母さん、そして皆さんが待ってくれていたのを見て、新しい生活は、皆さんがそばにいるから安心できると信じられました。

初めてお母さんの家に遊びに行った時、お母さんのお姉さんと、私のもう一人の里親の斉藤繁子さんもいました。皆さんと数日間一緒に過ごし、日本の食べ物を食べたり、ベトナム料理を作って食べたり、昭和記念公園にも連れて行ってもらいました。ちょうど桜が満開だったのでとてもきれいでした。お正月もお母さんとお節料理を食べたり、お寺へ行ったり、温泉に入ったりしました。これからも、お母さんと一緒にたくさんの思い出を作りたいと思っています。

斉藤さんが病気になってからは全然会ってないので、とても心配です。北村お母さんもいつまでもお元気で長生きができますように祈っています。

初めての日本
待ってくれていたお母さんと

親より

出会いから四半世紀

宮城県　中原寛子

いま手元に、初めて見たビンちゃんの写真があります。8歳、1996年に撮影されたものです。「何てかわいらしい女の子なの！」と思いました。あれから四半世紀……。

昔、友人に、ハンガリーの孤児の里親を始めた人がいました。私はアジアの子どもの里親になってみたいと思い、ちょうど希望の村の支援者募集を知り、応募して送られてきたのがビンちゃんのこの写真。それからビンちゃんとの文通が続きましたが、歳も、言葉も、環境も違う。手紙を出してから翻訳され、手渡され、返事が書かれ、また翻訳され、手元に戻るまで長い時間がかかりました。何を書こうか、前に何を書いたっけ……続けるには気力も必要でしたし、間でたくさんの人が橋渡しをしてくれていました。

2005年、希望の村から男女1人ずつの子どもが初めて日本に招待されることになり、それにビンちゃんが選ばれ、初めて対面しました。片言の日本語とベトナム訛りの英語で彼女は色々なことを話してくれました。「失敗は悪いことじゃない」「そこから必ず学ぶことがあるよね……」と熱く語り合い、大人びたことを言うなと感心しましたが、身体は細くて小さかったけれど17歳だったのですね。しっかり者で、とても気配りの効く優しい女の子でした。

彼女は、その後、再来日し、日本語学校1年と大学4年の勉強をやり切りました。コロナが問題となる前に、優しくて頼もしい彼と出会い、ベトナムで結婚式をして、私を含めて大勢のふぇみんのメンバーが参加しました。夫婦それぞれ常勤の今の仕事

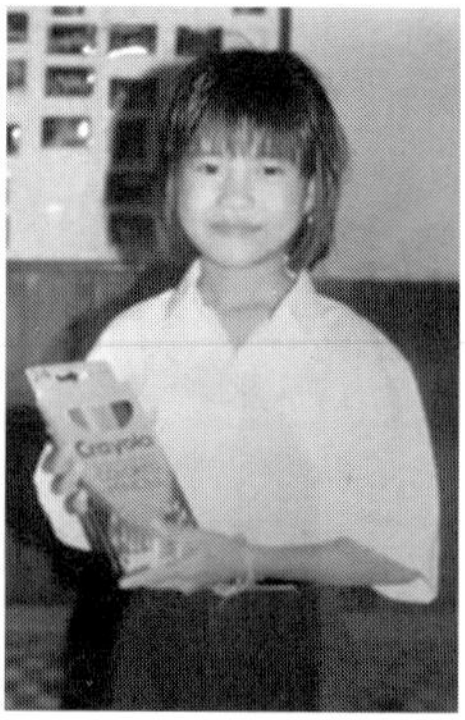

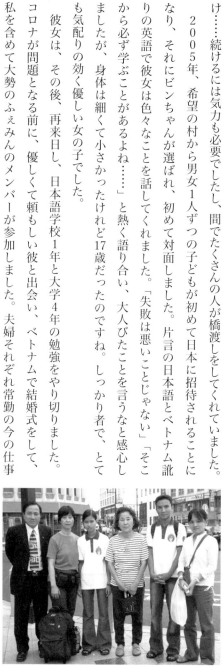

を得ていたのは幸運でした。ビンちゃんは、優しく面倒見の良い娘です。これからも、その行動力で、続く後輩たちとふぇみんの絆を支え、日本とベトナムの小さな架け橋となっていってくれると思います。

子より

会うたびに思うこと

Lê Thị Bình／レ・ティ・ビン

小学校3年生の時、希望の村の先生から私の里親になる人を教えてもらいました。それが中原さんでした。それから手紙で毎年連絡しました。ふぇみんの10周年記念の交流のため日本に行くことができ、里親さんに会いたいという私の希望で初めて中原さんに会いました。数時間しか会えませんでしたが、とても嬉しかったです。それからも連絡を続け、日本に留学してまた会うことができました。

最初に中原さんの家を訪ねたのは東日本大震災の後でした。その時はふぇみんの人と一緒で、中原さんは宮城県山元町の被災地を案内してくれました。

その後、年一回ぐらいのペースで中原さんの家を訪ねて、行く度に楽しく過ごしています。

最近中原さんはお母さんと一緒に住むようになったので、私にとっておばあちゃんにも会えます。中原さんとおばあちゃんがずっと元気でいるように祈っています。

写真右▶
ビンちゃん8歳

写真左▶
左から2人目が中原さん
3人目がビンちゃん17歳

二人は日本で出会った
写真はダナンのさくらフレンズカフェで

親より

里子に会って広がる暮らし

山梨県　中村直子

私がルーちゃんに初めて会ったのは２００７年、ふぇみんのツアーで希望の村を訪問した時でした。その後、２０１５年のツアーで、いまの里子のガイちゃんの部屋に「私、中村さんの里子だったルーです」と訪ねてきました。

彼女は希望の村の子どもたちに日本語を教えていました。日本語教室を見学した時、彼女が教えていたのは見ていましたが、以前の里子とは気が付かず驚きました。覚えていなくてごめんなさいと申し訳ない気持ちになりました。私が日本に帰る時も、彼女は空港まで見送りに来てくれて、「来年、朝日新聞の奨学生として日本に行きます。日本で会いましょう」というので、また驚きました。これから日本で会いたい時に会えるんだと思うと、ワクワクしてきました。

彼女は、新聞配達をしながら日本語学校へ2年、その後、観光の専門学校へ2年通い、北海道のホテルに就職が決まりました。彼女は、念願をかなえ、今年4月からまた新しい土地で生活をスタートさせます。私が心配してメールするといつも「何事も挑戦していくから大丈夫」という返事が返ってきます。「挑戦」という言葉をどこで習ったのでしょうかね。彼女の指針なのでしょうか？　いろいろな困難も胸に秘め、明るく気丈にふるまう彼女にいつも感心します。

彼女が来日してからは希望レストランのお手伝いに行くことも楽しみの一つでした。ベトナムの子どもたちが働く姿は、明るく活気があっていつも元気をもらって帰ってきます。里親になって20年。子どもたちとの出会いにより、私の暮らしも豊かに広がりました。

子より

お母さんに会うと笑顔になれる

Nguyễn Thị Hồng Lưu ／グエン・ティ・ホン・ルー

お母さんには、15年間お世話になりました。私がまだ小さかった頃に里親になっていただき、何度も、ベトナムに来て、希望の村で、いろいろなことをして、遊んだことがとても懐かしいです。希望レストランでもお手伝いをしていただき、いつも喜んでくれた事、自分の娘のように成長を気にかけ、声かけをしてくれた事、本当に嬉しかったです。

日本に来てからは、お米、お菓子、果物などたくさんの荷物を送ってくださって、とても助かりました。2、3カ月くらいに一度、私のところに来てくれて、一緒に食事をしたり、遊びに行くなど楽しい時間を過ごせたことも嬉しかったです。以前、友だちと一緒に果樹園をしているお母さんのところに行ってさくらんぼ狩りをしましたよね。お昼ご飯を用意し、お土産もいただきました。お母さんがたくさんの準備をしてくれていたのを知って、感謝の気持ちでいっぱいになり本当に感動しました。

振り返ると日本に来た頃はわからないことばかりで、新聞配達や専門学校での勉強のこと、重大な悩みでした。その当時は、日本語があまりわからず、日本での生活が本当に大変で困りました。そんな時にお母さんは、なんでも相談に乗ってくださり、時には優しく、時には厳しく、いつの間にか、どんなに傷ついている時でも、「お母さんに会うと笑顔になれる」ということに気づき、今では、どんなことでもチャレンジしていける強さを持てるようになりました。これからも私の成長を、見守っていただけたら嬉しいです。

さくらんぼ狩りの日に

二人の里子との手紙

大阪府　中崎布佐恵

子より

クリスマスに、いまの里子、ゴックさんからカードがとどきました。

親より

２０１９年クリスマスに病床にあった私は、いつものように天井をみて、動かない足をちょっぴりマッサージしていました。

その時です。美しく、やさしい1枚のクリスマスカードが届きました。カードはゆっくり開き、ほほえみかけてくれました。あなたからのメッセージはどんなにかベッドに横たわる私の胸の中にピンクの花を咲かせてくれたことか。

本当にありがとう。枕元に置いて上から下へと、下から上へと動かしました。今は凍てつく冬だけど、桜を夢みてがんばるつもりです。あなたも体に気をつけて勉強などに、はげんでください。

２０１９年12月　中崎布佐恵

中崎さんは前の里子とのやりとりも続いています。

子より

夕方にお手紙を書いています。お元気ですか。私は中学校の3年生になり、平均の成績をとりました。勉強している間、難しいことがいっぱいありましたが、頑張って勉強し、乗り越えることができました。喜んでくださいませんか。日本のお母さんの支援と応援で、中学校3年まで進級し、手話の勉強も上手になり、社会の知識をたくさん勉強でき、このご恩はいつまでも忘れません。

日本のお母さん！　寮で生活している私は活動によ

く参加して、生徒たちと一緒にたくさん勉強して、友だちもたくさんできて、とても喜んでいます。時々病気になりましたが頑張っています。先生は、勉強のことを手話ではっきり説明してくれて、とても良かったです。自分の将来のこと、勉強が大事なことが良く分かりました。日本のお母さんのことを敬い、私を応援してくれていることに深く感謝いたします。

2016年10月　お母さんのベトナムの子　ユン

前の里子のユンさんは聴覚障がいがあり、希望の村で小学校（5年まで）を終え、ふぇみんの自立支援を受けて、ホーチミン市に近いドンナイろう学校に進学し、高校2年生になりました。卒業したら希望の村ですでに先生になっているマン君と一緒に手話を教えたいと思っています。

子より

コロナで、学校が3カ月も休みになりましたが、5月はじめに戻りました。私は元気です。現在、高校2年生です。

お母さんの愛情を裏切らないように高校の3年生が終わるまで、頑張って勉強します。

何年間も応援してくださって、いつも忘れません。ありがとうございます。お手紙を待っています。お母さんとご家族が、元気でお過ごしになることを祈っています。

2020年6月　お母さんのベトナムの子　ユン

親より

グエン・ヌー・トゥイ・ユンへ

日本は梅雨の雨がしとしと降っています。

コロナ禍のせいで、学校が3カ月も休みだったのですね。ユンさんは得意な教科は理数系ですか、文系ですか。お母さんは数学に弱く、国語や英語が好きでした。お母さんは両親が早く亡くなっていたので、多くの人のサポート、ヘルプで大学を卒業しました。高校2年生といえば、もう子どもではありませんね。

元気で成長したユンさんが目に浮かびます。ユンさんの幸せをいつも祈っています。

2020年6月　中崎布佐恵

親より

父になった「わが子」にエール

東京都　坂田朋子

私が、トゥンの里親になったのは２００３年、彼が小学2年生の時です。すごく機敏な子どもで、言葉が通じなくてもゼスチャー・スキンシップでＯＫでした。一緒に走った時も私を気遣い、なんと後ろ向きに走ったのです。毎年、ツアーで会うのが本当に楽しみでした。

それが、２０１１年、希望の村を退所したのです。高校3年生の大切な時期に何があったのかと心配しました。色々と問題行動があったこと、高校の卒業試験に落ちたことを聞きました。その後、ホーチミンにある「ＫＯＴＯ」でコックの職業訓練を受けていることが分かり、２０１２年のツアーで2年ぶりに再会できました。すでに私の背を越し、すっかり大人になっていて、びっくりしたことを思い出します。この時、ショックなことがありました。彼の左手薬指が欠指していたのです。私に隠していたのかそれまで気づいていませんでした。

これは、枯葉剤によるものなのかもしれません。このことは今後も考えていく宿題だと思います。日本にいる留学生たちから、彼はいまコックとしてダナンで働いていると聞きました。当時の問題行動が何だったのかも分かりました。希望の村に彼女がいて、ラブレターが、寮母さんに見つかったそうです。退所してからも交際は続いていて、10年になるそうです。２０１８年に結婚し、翌年ツアー時に会いに来てくれました。タオさんに通訳を頼み、彼に彼女の好きなところはどこ？　と聞くと、彼女の「笑顔」と素敵な答えでした。5月には赤ちゃんも生まれ、会えるのを楽しみにしていましたが、コロナ禍で行くことができず、残念でした。彼たちがしっかりとダナンの地で生きていってくれることを応援し、祈っています。

里子夫婦に囲まれて
（右がトゥン）

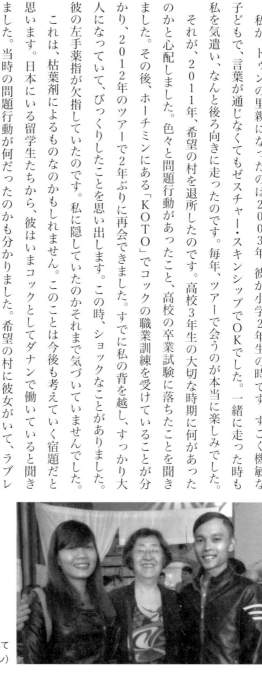

親より

文通したいと、ベトナム語を学習

東京都　大賀美知子

私が初めてベトナムの地、そして希望の村を訪れたのは１９９７年の里親ツアーでした。帰国後さっそく里親の申し込みをしました。ベトナムの子どもたちがベトナムで健やかに育ってほしい、そのせめてものお手伝いになるならと思って里親になりました。早くも23年の年月がたち、この間に４人の里子とのご縁があり、交流がずっと続いている子もいれば、短期間で退所して縁が切れた子もいます。

初代所長の「自分のことを気にかけている人がいることが、子どもの成長にとって大切」という言葉が印象深く、里子への手紙を書き続けてきました。初めの頃は英語で書くことになっていて、書いてみたら基本的な単語さえまともに書けず愕然！　それならいっそと思い立ったのがベトナム語を習い始めたきっかけでした。一人目の里子は当時小学校低学年。「お母さんはベトナム語の勉強がんばってます。君もしっかりね」なんて覚えたてのベトナム語で書いたのも遠い思い出です。今の里子ちゃんは小５のとても大人しい女の子。今年のツアーで再会できたら少しはお話しできるかな、と楽しみにしていたのですが……。次に希望の村を訪問できる時まで、どうかたくましいベトナムの少女に育ってくれますよう、いまは遠くから祈るのみです。

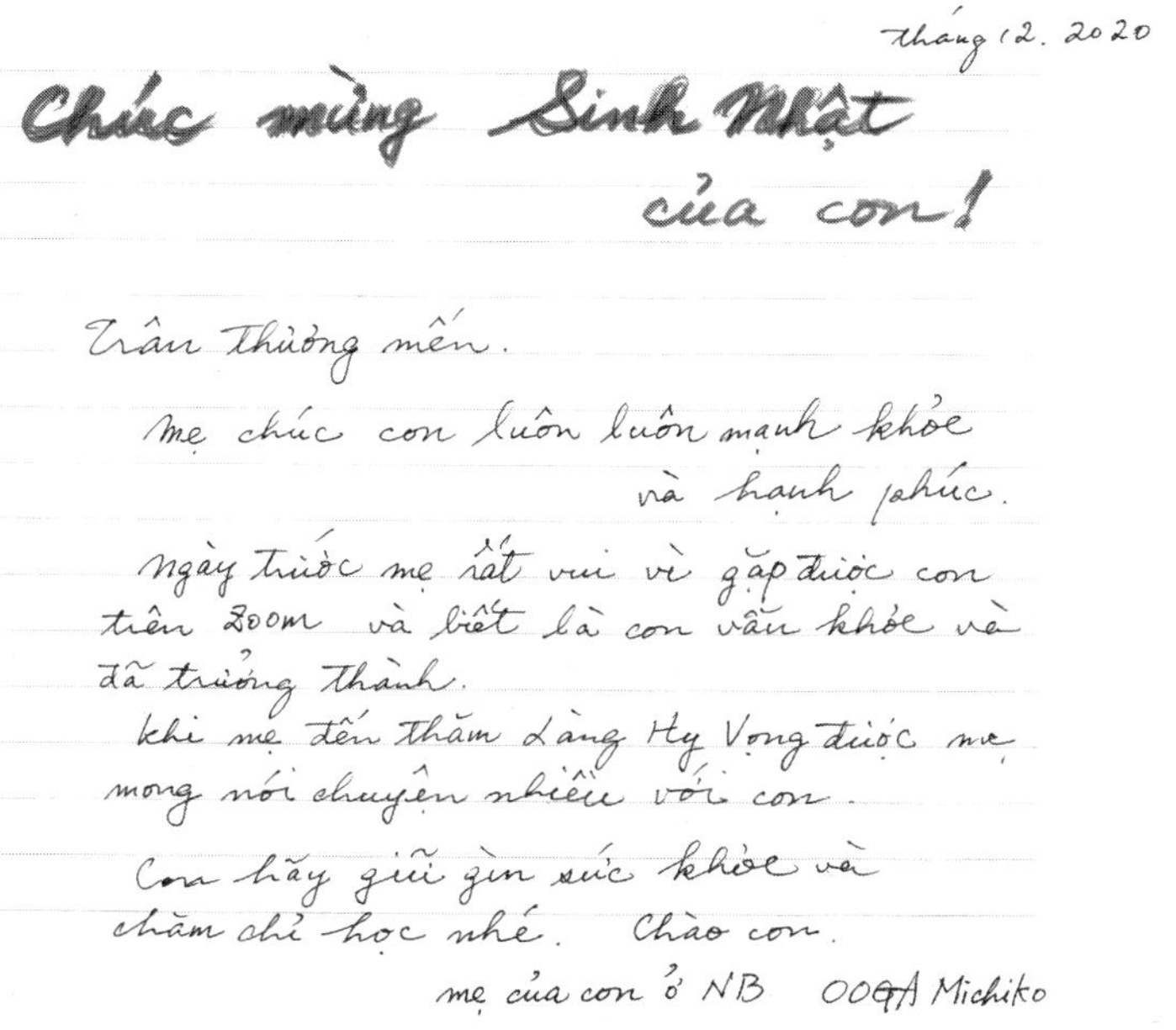
tháng 12. 2020

Chúc mừng Sinh Nhật
của con!

Trân Thương mến.

Mẹ chúc con luôn luôn mạnh khỏe
và hạnh phúc.

Ngày trước mẹ rất vui vì gặp được con
trên zoom và biết là con vẫn khỏe và
đã trưởng thành.

Khi mẹ đến thăm Làng Hy Vọng được mẹ
mong nói chuyện nhiều với con.

Con hãy giữ gìn sức khỏe và
chăm chỉ học nhé. Chào con.

mẹ của con ở NB OOGA Michiko

大賀さんから里子へ
新年のメッセージ

親より

亡き母の心を動かしてくれた留学生たち
――民間日越親善大使

東京都　稲塚由美子

３年前に亡くなった私の母は、ランちゃん、ビンちゃん、ガーちゃんたちのお陰で、晩年楽しい車いす生活を送りました。16年前に車いす生活が始まった頃、母は「外国人の世話になりたくない」と断言していました。その母が、彼女たちともんじゃ焼きを食べに行ったり、誕生日に花を贈ってもらったり、車椅子を押してコンサートにも連れて行ってもらったり……そのうち「外国の人だからって、いい人も悪い人もいて、それは日本人にもいい人も悪い人もいるのと同じなんだねぇ」と言うようになりました。さらに車いすの母の目線にまで腰をおろして手を握りながら「おばあちゃん」と話しかけてくれるランちゃんたちのあったかさに、「日本人よりずーっとやさしいねぇ」とメロメロでした。偏見に満ちていた母が、文化の違う人たちが身近にいること、そして交流があることで変わりました。草の根外交とはこういうことだと思い知りました。

希望の村出身留学生第一号のランちゃんは、栃木県佐野市の旗川小学校で「ベトナムと日本の架け橋」としてベトナムについて話し、伝統楽器トルンの演奏を子どもたち一人ひとりに教えていました。栃木の新聞にも載りましたよ。ランちゃんとビンちゃんは、佐野市にある誰でも来られる居場所「たんとんとん」でもベトナムについて話し、ビンちゃんは自分のいとこが枯葉剤被害にあったことを話してくれま

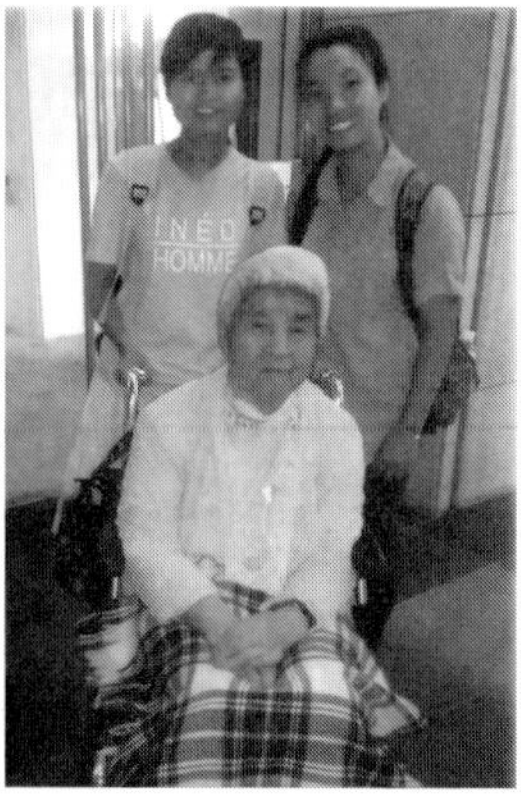

写真左
トルンを教えるランちゃん

写真右
ビンちゃん（後左）
ガーちゃん（後右）
母・シヅさん

した。皆さん、ベトナム戦争のことは知っていても、実際はどうなのかはまったく知らなかった、と言っていました。

そして留学生たちは、希望レストランの収益の一部を、台風による大雨被害にあった栃木県佐野市に寄付したいと言ってくれました。自分たちが支援されるだけでなく、日本の人たちが困っている時に何かしたいのですと。佐野市の皆さんはびっくりして大喜びでした。ありがとう！

「ベトナムの子どもたちに笑顔と教育を送る」ために毎月レストランを開いた留学生たち。私たちの家から大倉山へは、二時間ほどかかるので、行くのはなかなか難しいと言うと、ランちゃんは、希望レストランの食事を家まで届けてくれたこともありました。母はベトナム料理は初めてだったけど、「美味しい」って笑顔いっぱいでした。車いすの亡き母も、障がいのある兄も、希望レストランを楽しみにしていて、大倉山に行って食べるだけで、「ベトナムに来た〜」と言ってました。

母亡きあと、ランちゃんや、ビンちゃんとソンさんの夫婦が、栃木県にあるグループホームまで兄を送ってくれています。しっかりと手をつないで。留学生の皆さんは、いるだけでもう日越の架け橋になっている民間親善大使です。

今はアメリカにいるランちゃんとは、あの日あの時のあったかい関わりの記憶があるからこそ、遠く離れた世界のどこにいても「誰かが自分のことをかけがえがないと思ってくれている」と思えるのだねえ、と話しています。コロナ禍で、心がくじけそうになる時も、「すこ〜し離れて、心はもっとつながって」状態だから、いつもあったかい気持ちでいられます。

兄を栃木のグループホームまで送ってくれる
ビンちゃんとソンさん

「わが子」に会う日——ベトナムツアー

一日の始まり

希望の村にバスが着き、里親たちが門をくぐると、赤いバラを手に持った子どもたちが並んでいる。ある子は、いち早く里親を見つけ嬉しそうに駆け寄る。ある子は、恥ずかしそうにバラを差し出す。ある子は、見付けられずに当惑して立っている。里親にとって一番嬉しく、そして緊張もする一年に一回の、里子を訪ねるツアーの始まりだ。

ふぇみんが里親を募集し、希望の村の子どもの支援を始めたのが1996年。その翌年からずっと希望の村を訪ねるベトナムツアー(通称：里親ツアー)は継続されている。

経済的支援だけではなく、一人の親として一人の子どもの成長を見守り、わが子のような繋がりがだんだんできていくから、この活動が長く続いているのだろう。また、里親でない人もツアーに参加できる。

親子のペアが確認できたら、所長たちと里親とのミーティング。「○○ちゃんは、いたずらでよくけんかします」「××ちゃんは、決まりを守ってよく勉強もします」などなど、副所長からのコメント。すっかり親気分で、わが子の個人面談みたいだ。

次に子どもたちの活動を見学。ろうクラスの普通授業、手話授業、日本語クラス、刺しゅう、カード作り、木工、縫製、コンピューター、空手やボクシングなどのスポーツ(地域の人がボランティアで教えてくれている)など。子どもたちはそれぞれのクラスに分かれて活動している。

子どもたちとの交流

ツアーのハイライトは、自分の里子のファミリーとの交流(里子のいない参加者も加わる）。里親二人ほどに一人の通訳が付く。「さくら日本語センター」や「ダナン大学」の学生、日本企業で働くベトナム人らが、通訳ボランティアで参加してくれる。部屋では、揚げ春巻き、鶏肉のサラダ、チャーハンなどのご馳走が並び、この日は子どもたちにとっても嬉しい昼食。食後は、日本から持参したお菓子を食べながら、おしゃべりをしたり、ゲームをしたり、歌を歌ったりと参加者の工夫次第。この時、若い通訳さんたちが大きな力になってくれる。椅子取りゲームやら、バスケットボール入れ、かるたとり、各部屋から歓声が聞こえる。

ベトナムでは、始業式や修了式には子どもたちの歌や踊りが必ず披露される。希望の村にも子どもたちの歌や踊りのクラスがあり、日常的に練習していて子どもたちの発表は本格的だ。立派な衣装を身につけた小さい子たちの踊りはかわいく、お姉さんたちの踊りはうっとりするくらい美しい。ろう児の踊りもすばらしい。ソロで歌う子も物おじしない。

ろう児たちの踊り

里親たちも『希望の村の歌』を日本語とベトナム語で歌う。拍手喝采。その後、サッカーやゲームを一緒に楽しむ。

楽しい一日が終わり、名残を惜しむ声に見送られ、里親たちを乗せたバスはホテルに向かう。

通訳さん、ありがとう

ボランティアの通訳さんは、日本から来た里親（ベトナム在住の里親が参加することもある）との交流や希望の村の子どもたちとの触れ合いを楽しみに参加してくれる。夜は、レストランで通訳さんと交流会。ベトナムのことや若者たちの生活や考えを聞けて、とても楽しい。

中学から日本語を勉強しているという高校生は、後にスピーチコンテストで、「希望の村を支援しているふぇみんの活動を知って、将来私もこういう活動をしたい」と語り、賞をもらったと聞いた。

卒業生との再会

別の日には、さくらフレンズカフェで希望の村の卒業生との交流会も行われる。食事はここで働く卒業生が用意し、「アートさくら」で働く卒業生やダナン近郊に住んでいる卒業生がかつての里親に会いに来る。時には子どもを連れて来る人もいたり、希望の村を出ても、繋がりを保っている。ここでは通訳ができる人は少ないが、身振り手振りや翻訳アプリを頼りに会話が盛り上がり、再会の喜びでにぎやかだ。

ツアーは盛りだくさん

毎年ツアーは、希望の村訪問が第一の目的だが、卒業生が進学した学校や職業訓練所、職場も訪ね、各々の成長や自立支援の成果を確認する。子どもたちの育ったベトナムの自然、社会、文化を知るために、他の施設や団体を訪問し、そのうえハノイ、フエ、ホイアン、ミーソン遺跡、ホーチミンなどの観光もする。ふぇみんのツアーは盛りだくさんだ。さらに、「戦争と平和」「女性と子どもの福祉」をテーマに、ベトナム以外の近隣国にも足を伸ばしている。次頁に、再訪地や一般的な観光地は省き、おもな訪問地を紹介する。

（渡辺美里）

ベトナムツアー　これまでのおもな訪問地

1997	ダナン（レ・リさんの病院ピース・ビレッジ）、フエ、ホーチミン
1998	ダナン、フエ（小山道夫さんの「子どもの家」）、ホーチミン（**戦争証跡博物館**）
1999	ダナン（子どもを預けているユィスウェン村）、フエ、ホーチミン（**クチトンネル**）
2000	ハノイ（**歴史博物館**）、ハロン湾、ダナン（キ・ラ村の職業訓練所の開所式）
2001	ダナン（ユィスウェン村、卒業生の働くバイク修理店、縫製店）、ホーチミン
2002	ダナン（卒業生の職場、キ・ラ村）、フエ、ホーチミン、ミトー（メコンクルーズ）
2003	ダナン（児童養護施設「愛の家」「孤児養育センター」）、ホイアン、ミーソン遺跡
2004	ダナン（料理教室）、カンボジア・シェムリアップ（**クメール伝統織物研究所**）
2005	ダナン（希望の村夏祭り）、カンボジア・プノンペン（**子どものヘルスケアセンター**）
2006	ダナン（さくら日本語センターとの交流会）、フエ
2007	ダナン（障がい児施設）、カンボジア・プノンペン（女性の保護施設）
2008	ハノイ（職業訓練施設**KOTO、ホアスア**） ダナン（**枯葉剤被害者協会、ブレッド・オブ・ライフ、赤十字職業訓練所**）
2009	ホイアン（キムボン芸術木工所） カンボジア・シェムリアップ（日本人支援のすずめの学校）、プノンペン
2010	ダナン、ホイアン（**ストリート・インターナショナル、Uカフェ**）、カントー
2011	希望の村でワークショップ、少数民族**カトゥー族の村、ドンナイろう学校**
2012	ファンラン（チャム遺跡）、ニントァン省タイアン村（**日本輸出の原発建設元予定地**）
2013	クァンナム省（**枯葉剤被害者協会**）、クァンチ省（**非武装地帯**） ダナン（希望の村20周年記念に参加）
2014	ラオス・ルアンパバーン、クアンナム省（卒業生の親戚の枯葉剤被害者宅）
2015	ホイアン（**中国寺院**）、ホーチミン（**ツーズー病院・平和村**） **カンザー国立公園・マングローブ保護地区**
2016	タイビン省（**200万人餓死の村、タイビン省リハビリ施設**）、少数民族の村サパ
2017	ミャンマー・バガン（**村の小学校**、得度式） ヤンゴン（元「**慰安所**」**跡、国民民主連盟本部**）
2018	クアンガイ省（**ソンミ村虐殺記念館、ダン・トゥイー・チャムの野戦病院跡**） カンボジア・シェムリアップ（**フレンズ・インターナショナル**）
2019	ダナン（ビンさんの結婚式）、**タイ・泰緬鉄道とカンチャナブリ**、バンコク

※太字は巻末（p148）で紹介している

里親の声

3年めの笑顔

茨城県　堀田裕一

2013年、個人でベトナムを旅行した時に希望の村を訪問し、子どもたちと交流しました。ふぇみんが里親制度を行っていることを知り、さっそく里親になり、その時紹介されたのが入所したばかりの女の子、グェン・ティ・キム・イェンさんでした。

翌年の里親ツアーで初めて会った時、イェンさんは7歳。警戒心がありニコリともせず、常に一定の距離を置いていました。その翌年は、形通り出迎えてくれたものの、ぎこちない愛想笑いでした。それでも希望の村の生活に慣れてきた様子で、私はホッとし、嬉しく感じたものでした。

そして、またその翌年、私の到着を待っていたイェンさんは、私の姿を見つけるやバラの花を持って満面の笑顔で駆け寄ってきてくれました。まさに〝びっくりポン〟でした。2年余りの間に8回くらい簡単な手紙を交換しました。3回目の対面は、終始手をつなぎ私にまとわり付き満面の笑みで、こっちが面食らうほどでした。無理をしてツアーに参加して本当に良かったと思いました。

さあ、これからどうしていってあげたらいいのか、楽しみでもあり責任も感じます。

イェンさん7歳

イェンさん9歳

ツアー中、家出で会えず

大阪府　清水典子

私の里子マイさんは２００３年生まれ。母は死亡、父には持病があって、祖父母と暮らしていましたが、２００９年、弟と一緒に、希望の村に入所しました。

２０１８年1月のツアーに参加して会えると思っていたところ、ツアー訪問直前に希望の村を〝家出〟、ネットで知り合った男性と一緒にいて、会うことができませんでした。希望の村は警察への届け出、発見、帰郷、はらはらドキドキの後、戻ってきたマイさんとさくらフレンズカフェで2年ぶりの再会。やっと会えた時、本当に嬉しく思わず涙があふれました。希望の村に帰ることも相談しましたが、これまでも同じことを繰り返し、希望の村の規則もあり、男性とのこともあって、妊娠などの心配から、しばらくは田舎の親戚にめんどうをみてもらうため故郷に帰ることになりました。温かい励ましが必要な時かと思い、やり直しのチャンスをあげてほしいと思いました。とりあえず田舎に帰り、そこで中学校を卒業する、というのが今一番いいのかなと、思っていました。その後、卵の農場で働きましたが合わず、レストランの洗い場の仕事をして、結婚したことをスタッフのタオさんから聞きました。すでに子どもが生まれたようで、今は夫の家で暮らしていることを知りました。

マイさんが母となりこれから新しい学びと共に、しっかりと子育てをしてくれることを望んでいます。今後も何か応援できることがあればしていきたいと、そのような気持ちでマイさんの幸せを願っています。

やっと会えたマイさんと

いつか会いに行きます

東京都　櫻井恵美子

2019年、夫の転勤でベトナムのホーチミンに住むことになりました。日本を離れる際、会社の先輩からダナンの希望の村の里親活動を紹介して頂き、さっそくコア君という子の里親になりました。

ホーチミンからダナンまでは飛行機で1時間、コア君に会いたくて里親ツアーを楽しみにしていましたが、コロナで中止に。その後も一人でダナンに行くチケットを買ったのですが、コロナ再流行で行かれず。学習した下手なベトナム語で書いたカードと記念品を郵送し、スタッフのタオさんに希望の村に届けてもらい、その時の写真を送ってもらいました。21年2月帰国となり、最終的にはコア君に会うことは叶いませんでした。日本に着いてまもなく、コア君からかわいい絵が添えられたお礼の手紙を受け取り、とても嬉しくベトナム語の勉強を日本で続けるモチベーションを見つけた気分です。

いつの日かホーチミン再訪のセンチメンタルジャーニーとコア君に会う旅を楽しみにしています。

誰もが誰かを支援

宮城県　ス・ミャッ・アウン

私は、2015年7月にミャンマーから来日しました。現在は石川県にある技能実習生の監理団体で仕事をしています。しかし、私は宮城県に住んでいます。

学生時代アルバイト先で、希望の村出身のガーさんと知り合って、彼女から希望の村の話をたくさん聞きました。日本に来られた希望の村の子どもたちの姿を見て彼らを支援しているグループのことに興味を持つようになりました。私はミャンマーで貧しい家庭の学生一人を高校生から大学卒業まで学費支援しました。彼女が大学を卒業したので引き続き誰かを支援したい気持ちがあり、ちょうどその時、何回か希望レストランに参加しました。そこで希望の村のこととふぇみんのことを詳しく聞き、私も里親になりたい気持ちが強くなりました。それで私は2019年の12月に里親になりました。

私の小さい力で、希望の村の子どもたちが頑張るのを期待しています。

ベトナムとつながって

広島県　堤　良子

ダナンの町中からバスに乗って、初めて希望の村を訪問した時の印象は、「ずいぶん郊外にある施設だな」だった。今では町並みも道も随分立派になった。日本も変わったけれど、ベトナムも変わった。

ベトナムを初めて訪れたのは１９９３年の夏のこと。あれほど大きな問題だったベトナム戦争も終結し、ドイモイ政策でベトナムが目を引き始めた頃だ。今のベトナムを見ておきたいという夫の提案だった。

私たちは当時ろう学校に勤務していたので、ハノイのろう学校を訪問した。ちょうど夏休暇で、子どもはもちろん先生方も不在。校長先生に面会し校舎を案内していただいた。

帰国したのち、ふぇみんが、希望の村を支援することを知り、里親に応募した。初めはお金を支援するだけの関係だったが、里子の様子、希望の村の状況を徐々に知ることができ、ツアーも始まった。直接行くことで里子とも交流できベトナムにも愛着が増した。

ご縁に呼ばれて

熊本県　大澤つた子

きっかけは違えど、今振り返ると、私はベトナムと縁がある人生だったように思う。はじめてベトナムと関わりを持ったのは20代。生まれ故郷の京都でべ平連（ベトナムに平和を！市民連合）の市民運動に参加していた。30代は移住先の熊本県水俣市の有志でベトナムに検診車を贈り、その後の様子を知るために水俣病患者と共に初めてベトナムを訪問した。そこでベトちゃんドクちゃんに会い、枯葉剤被害の酷さに胸が締め付けられた。そして、40代。ふぇみんとの出会いがあり、再びベトナムの地を訪れることになった。この時行ったのが希望の村だった。それぞれの事情で親とは別に暮らす希望の村の子どもたち。大変な生活の中でも、活力や瞳の輝きがとても印象に残っている。希望の村から日本に帰国する際は、毎回、彼らの幸多き未来を祈りながら帰った。今は一身上の都合でベトナム訪問ができていないが、また必ず訪問したいと思っている。

多様なコミュニケーションで双方向の関係を

ふぇみんの活動は、里子と里親の間の多様なコミュニケーションを大切にしています。一方的な支援ではなく、双方向の関係を大事にしたいと考えています。

里親のもとには、年に何通か里子から手紙がきます。希望者は自分の里子と手紙やメールでやり取りできます。子どもたちは里親からの手紙を心待ちにしています。

年一回、里子の成長記録が里親のもとに送られます。また、希望の村を訪問するツアーで、参加者は里子たちと実際に会うことができます。ツアーでは、希望の村で、まる一日子どもたちとの交流を楽しみます。

里親総会が年一回開かれます。2020年はコロナ禍で、里親総会はオンラインで行いました。ダナンの希望の村と日本の各地に住む里親を繋いだ初めてのオンライン交流でした。ホーチミンに住む里親やハワイに住む希望の村卒業生のランさん(里親)も参加しました。ベトナムにはなかなか行くことができないので、オンラインで初めて里子と対面した里親もいて、感激のひと時となりました。

里親メーリングリストがあり、ダナンの駐在員やベトナム人スタッフをとおして希望の村の子どもたちの様子がメーリングリストに送られます。

年二回「里親通信」が発行され、日々の里子の様子や卒業生のその後など、さまざまな情報を発信しています。

里親通信

枯葉剤被害や技能実習生の問題などの学習会も行っています。

ブログ「ダナン希望の村　ふぇみんベトナムプロジェクト」も随時更新。レストランの最新情報はブログでもお知らせします。(https://femin-village-of-hope.at.webry.info/)

(坂田朋子　竹内みどり)

1996年にベトナムプロジェクトが立ち上がり多くの人と共に歩み続けています。里親になった人は300名をこえます。

2015年から現在までの里親のみなさん

青木真知子　天野雅子　荒井俊子　有岡道夫　安藤節子　飯塚絹子　五十嵐優子　池崎真理子　石川康子　石川洋子　和泉克明　和泉淑子　伊東千恵　稲塚由美子　稲増美佳子　猪野瀬ひとみ　猪股澄子　上田孝子　上田眞佐美　浦野次枝　江草嘉和　江渡まき　榎本啓子　榎本まどか　遠藤めぐみ　大賀英二　大賀美知子　大澤つた子　大澤正江　太田敬子　太田耀子　大庭千世子　岡博子　岡田晴美　緒方久子　小野木美重子　小原和美　尾谷たつ子　笠川フミ　片岡栄子　片岡洋子　加堂妙子　加藤寿子　金田静江　狩野宣子　神川辰子　上村陽子　亀田温子　鴨志田京子　河上友子　川上知代　菅家敬子　菅野久美子　菊池喜美子　北田志郎　北原良子　北村敏子　木本敦史　木本杏子　グエン・ユォンリェンチー　葛岡哲男　葛岡稔子　久保舞夏　小島道子　後藤貞子　後藤夏穂　後藤友子　小長井加代子　小林昌子　小林葉子　駒井秀子　斉藤繁子　酒井瑛司　坂入恵子　坂田絢子　坂田朋子　櫻井恵美子　迫野郁子　佐藤かおり　佐藤彌生　澤口康子　澤口謙二　澤村英子　志沢允子　設楽ヨシ子　篠田淳子　柴家直子　清水典子　志村愛希　志村鈴代　親家智子　神宮寺聡子　神宮寺直子　ス・ミャッ・アウン　菅原充子　杉原冨美子　鈴木恵美子　鈴木朋恵　関根満　高木澄子　高田道子　高橋洋子　高光泉　高光利恵　竹内恵蓮　竹内勝子　竹内春音　竹内みどり　竹内佑一　竹村友子　田崎昭子　田尻小枝　立川啓二　田中絵里緒　田中澄子　田中美恵子　田辺明日香　田辺久子　谷口眞由美　田丸幸子　田原具仁子　塚田泰弘　堤良子　手島道子　土居裕子　トラン・ティエンニャー　中崎布佐恵　永田千明　中塚智子　中西千晶　中原寛子　中村直子　中山友子　名田明子　布宮慈子　野口充子　灰掛あさぎ　灰掛ひいろ　橋本みね子　橋本一也　橋本文子　橋本麻里子　濱谷眞知子　番田清美　坂東喜久恵　福島みどり　福永明美　福永宣道　藤本典子　藤盛希世美　藤森啓子　ホー・ティ・ハイ・イェン　ホー・ティ・ラン　細野千恵子　堀田裕一　巻山美和子　町口幸子　松岡泰子　松田貞子　松村和子　三木イト子　水越スミ子　南木雅子　宮地佳子　村田悦子　村田幸子　村田孝子　本村富美子　森悦子　森千恵子　森紀子　諸星園子　安井朝乃　山内和子　山口洋子　山口泰子　山崎昌子　山下穆子　山村ナツエ　山本幸子　山本暁　山本淳子　山本潤子　柳裕子　結城孝一　結城美子　横田忠夫　横山廣子　吉岡知子　吉川文子　吉田郁江　渡辺和子　渡辺美里　綿貫由美子　他16名

社会貢献に関心

里親アンケートから

「ベトナムに里子を持つ」という、日本に住む多くの人たちにとってはちょっと特別なアクションに一歩踏み出すきっかけは何だったのか、里親の皆さんにインターネットでアンケートを行いました。

※今回はメーリングリストに登録されている方に呼びかけ、総回答者数は63人でした。設問は複数回答可。

■結果より■

1 希望の村の里親になった『きっかけ』のトップは「社会貢献」でした。

次に「知人に誘われて」と「ベトナム反戦運動に関心があった」が同数です。ベトナム戦争は、日本も無関係ではなく、米軍への経

1. 希望の村の里親になったきっかけは何ですか？

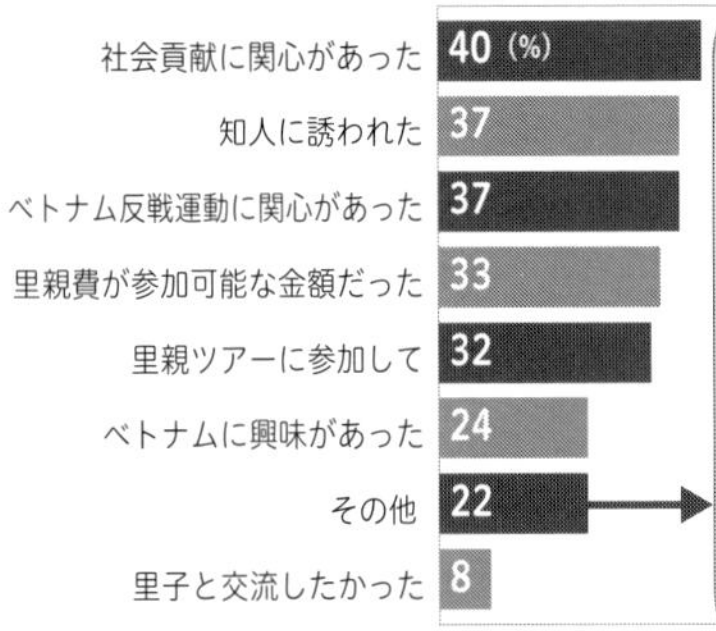

- 寄付金が困っている人に直接届くことが見えるのが決め手（複数）
- 実子の誕生を機に、自分の子だけでなく地球の子どもの育ちに少しでも責任を担おうと思った（複数）
- レ・リさん（p40）の趣旨に賛同して（複数）
- 新聞「ふぇみん」のお知らせを見て（複数）
- ベトナム戦争に間接的に加担した
- ベトナム戦争時ほとんど行動を起こさなかったことの償いの気持ち
- ダナン＆ホイアンでビジネスをしていた時に、希望の村の卒業生を雇用して
- 里親活動を身近に接して
- 第１回里親ツアーにべ平連の仲間と参加して
- ベトナムの原発予定地訪問ツアーに参加して

済支援や沖縄の基地から戦闘機が飛び立つなど、20年にも及んだその戦争を目の当たりにした世代と、多くの里親の世代が重なっていると言えるかもしれません。

次に「里親費が参加可能な金額だった」があがっています。年間4万円は、一人で、あるいは何人かで分担して出しやすい金額なのでしょう。5番目に多いのが「里親ツアーへの参加」でした。現地で子どもたちと会って心が動いた人も多かったと見受けられます。

自由記述からも社会に向ける真摯な眼差しがうかがわれます。

2 『支援（交流）』の内容については、手紙やプレゼント、里親ツアー、希望レストランへの参加が主なものでした。地理的に距離があって

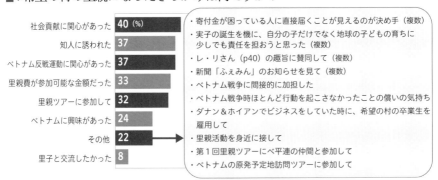

2. どのような支援をしていますか？

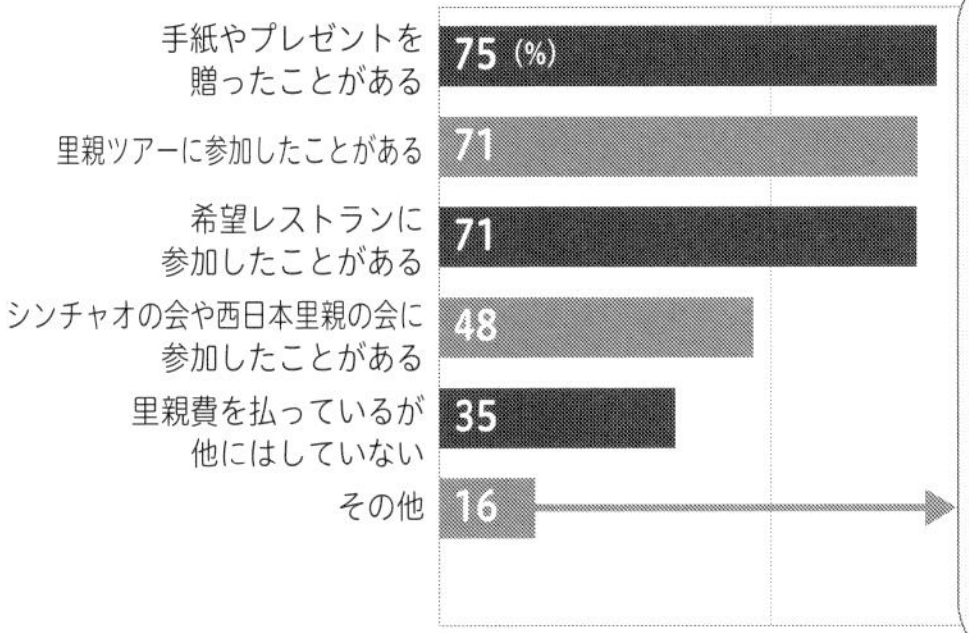

- レストランには一度、ツアーにも参加したい
- 希望レストランに休まず参加
- 留学生の保証人／レストランの食材調達・輸送／さくらカフェの建築デザイン
- 成長記録翻訳
- 当初は里子と交流しましたが、今はお金を払っているだけに。一度は里親ツアーに行きたい
- 全体の支援なので払っているのは半額です　駐在員として３か月だけダナンにいました
- 現地を訪問。「希望レストラン」でキャリアに関するワークショップを開催した
- 里親総会に参加するようにしている
- 来日した元里子と時々メールで交流

もなんらかの交流をしたいという思いが強く感じられました。

3　『里親になって良かったこと』は、「ベトナムを身近に感じるようになった」「里子や里親同士の交流ができた」など、里親になったことでこれまでの認識や生活が変わった人が多いことがうかがえます。これには一方通行の支援ではなく、里子たちとの交流で生まれる双方向の関係性が良い結果を招いていると感じました。

〝里親になる〟という最初の一歩が二歩目、三歩目へと歩みを進めていると結果を読み解きながら思いました。里親活動が若い世代にも広がって、小さな個人個人の交流が世の中を変えていく一歩になることを確信しました。（太田敬子）

3. 里親になってよかったことは？

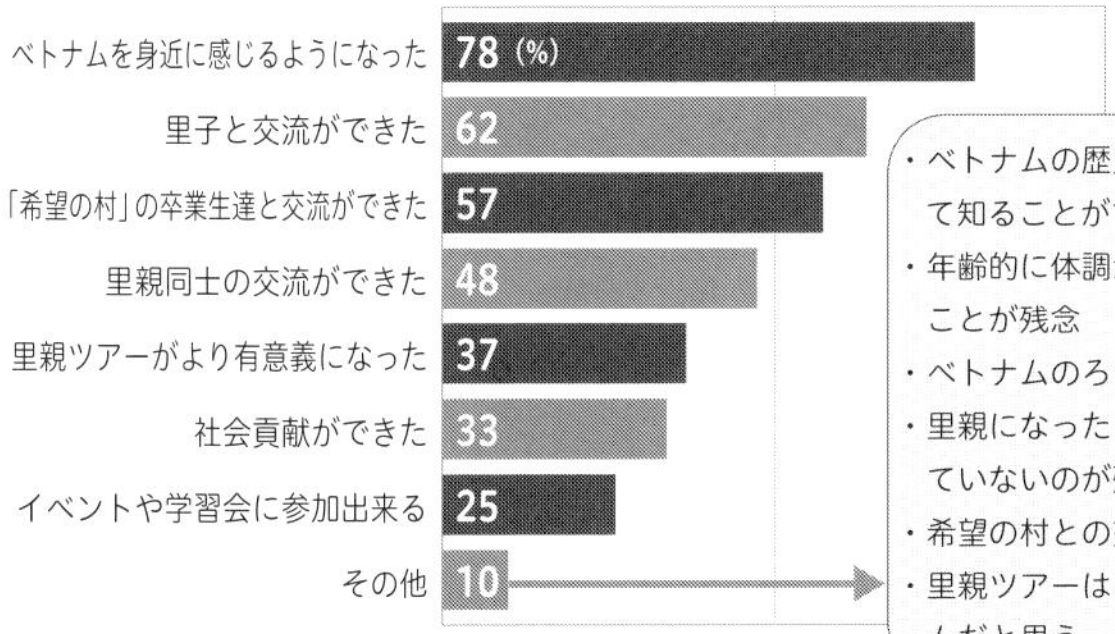

- ベトナムの歴史や、頑張っている留学生の方々について知ることができた
- 年齢的に体調が芳しくないのでツアーに参加できないことが残念
- ベトナムのろう者の問題や手話を学べた
- 里親になったとたんにコロナ禍、里子には一度も会えていないのが残念
- 希望の村との交流の深まり
- 里親ツアーは日本近隣諸国を更に理解できるプログラムだと思う

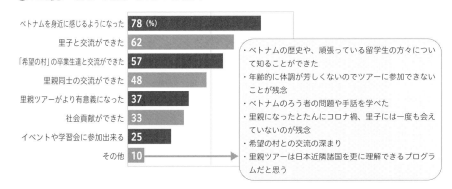

法人になりました

「ふぇみんベトナムプロジェクト」として、希望の村支援をしてきたが、２０１９年３月法人登録をして、「**一般社団法人希望の村ふぇみん基金**」となった。

ベトナムでの継続的な支援活動は、２０１２年に出された「ベトナムにおける海外非政府組織の活動の登録及び管理に関する政令」により、登録が必要になった。長年活動している私たちも例外ではない。

ベトナムで登録するには、日本で法人を設立しなければならず、手続きがより簡易な「一般社団法人」にすることにした。目的、活動や組織を記した定款を作り、公証役場の公認をもらい、法務省に登録する。法務省への登録なので、登録料と毎年の都税が必要になる（ＮＰＯ法人なら無料）。私たちは非営利団体としての登録なので、企業からの寄付は控除の対象になる。活動は、これまで使用してきた「ふぇみんベトナムプロジェクト」を通称として使う。次に、ベトナムでの登録手続きに入る。やり方は複数あるが、私たちの方法は以下の通り。まず、日本の外務省で発行された法人の証明書を、代表者の無犯罪証明書と共に、在日ベトナム大使館に提出し、確認を取る。公式な機関でベトナム語に翻訳したすべての書類と、ベトナムでの活動の申請書をベトナムの機関（ＰＡＣＣＯＭ）に提出する。ベトナムでの手続きは、本当に手探り。ベトナム人スタッフはあちこち電話して、許可を得るのに、１年ほどかかったが、２０２０年７月登録が完了した。手続き方法はＪＩＣＡに詳しい情報がある。

（渡辺美里）

三章
自立する子どもたち

なぜ自立支援なのか

自立支援はこうして始まった

ヤン君は希望の村を2013年卒業した後、ふぇみんの自立支援でダナンで日本語とITを学び3年前に留学した。その彼と最近、希望の村に入った時の話をし、入所の理由を直接聞いた。「台風で父親を亡くして入所したんです。2006年のことでした」と語り、私はびっくりして思わず彼を見やった。その年の4月、私はダナンで自立支援を始めるために駐在したばかりで、翌5月に大きな台風があったのをはっきり覚えている。

この台風で30人を超える子どもたちが漁師であった親を亡くし、希望の村に入所したのだ。小さな子どもたちは、自分の身に突然起きた事態が理解できず、連れてきた人にすがって泣き叫ぶ声があちこちの部屋から聞こえてきて胸に迫った。希望の村は大きな混乱の中にあり、その中にヤン君がいたというのだ。あれから15年がたった。今、目の前にいるヤン君は大きく立派な青年に育ち日本で車の整備の専門学校に通っている。

15年前、支援10年目を迎えた頃、徐々に経済的発展のきざしが見えてきたベトナムの状況から、ふぇみんでは、そろそろ希望の村支援から撤退するか、継続するかで揺れていた。これまで支援金の全ては希望の村に直接送られその使い方は希望の村が決めていた。知り合いのダナン・さくら日本語センターの理事長で在日ベトナム人のグエン・ヴィン・

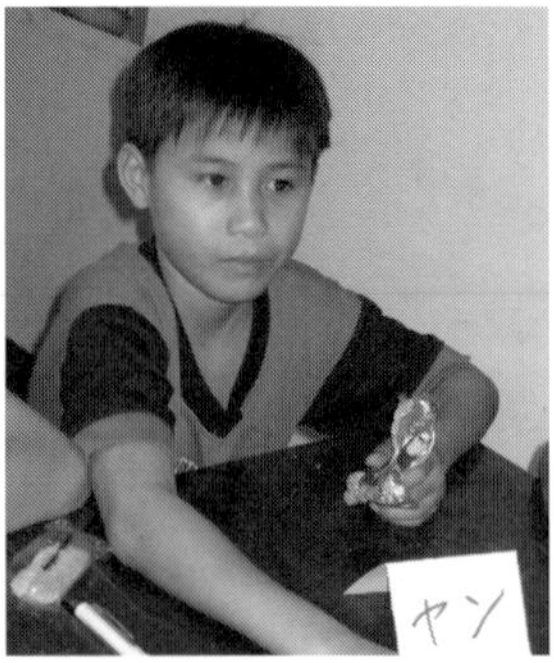

入所した頃の幼いヤン君

2020年、日本の自動車学校で

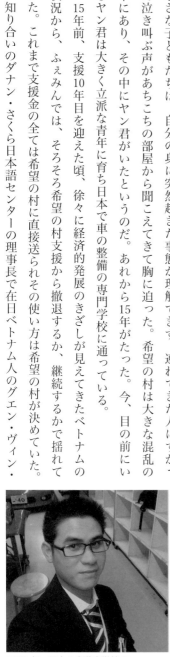

トロン（日本名、木内永人《きうちながと》）さんに相談した。トロンさんは「ベトナムでは就職は地縁、血縁が重要。地縁血縁がない希望の村の子どもたちは卒業しても就職が難しい。自立するための教育こそが必要」と言った。「自立支援か！　それだ！」子どもたちに手渡すものは教育であり、魚ではなく魚を釣る方法なんだ。今なら当たり前と見えるこのことが、異国でもあり当時は自ら見通せなかった。進む方向がはっきり見えた。

　といっても、まだ駐在員はいないので、誰にどう支援するのか？　学校はどこに？　いくらかかるのか？　生活はどうする？　次から次へともくもく疑問がわいてくる。「答えは現地だ」と思った。東京で教員をしていた私には迷いもあったが、どこであっても子どもと関われるのなら嬉しい！　定年2年前だったが退職を決め、２００６年4月ダナンへ駐在に赴いた。

初めての駐在――子どもたちと共に進路選び

まず拠点としてさくら日本語センターに事務所を置かせてもらった。一番重要なのは通訳をしてくれるスタッフだ。新聞広告を出し、応募11人の中から1人を選んだ。この時スタッフとなったレ・ティ・トゥ・タオさんは、まじめで心熱く、現在もスタッフを続けていて15年にわたる自立支援の要となってきた。

　子どもたちは何を望んでいるのだろう？　駐在して間もなく高校3年生17人全員に集まってもらって話を聞いた。自立支援の意味を伝え、子どもたちに将来の夢を語ってもらった。保育士、旅行関係、ＩＴ等様々な職業が出てきた。日本語を学びたいという人も。

初めて子どもたちに進路の希望を聞いた駐在員

専門学校、大学と言ってもどこにどんなものがあるのか、さっぱりわからない。日本で言う「学校一覧」といった気の利いた本もなく当時ネットの情報はほとんどない。子どもたちと一緒に学校を訪問、カリキュラムを確かめ、必要な経費を調べた。なんとか進路を決め受験した。しばらくして子どもたちは特大の笑顔で合格証を持って次々に事務所にやってきた。入学後は毎月事務所に来て、その間の勉強の様子、生活の細かなことを聞き、一人ひとりに奨学金を手渡す。その後15年にわたって毎年、卒業生の中で5人から10人位が自立支援を希望、子どもたちと何度も面接し進路を決める。現在まで専門学校、大学、日本語など、ふぇみんによる教育支援を受けた子どもは110人となった。

相談なくやめる子も

しかし中には何の相談もなく学校をやめる人も出てきた。理由は今すぐお金を稼ぎたい、大学を卒業しても希望する職につけるとは限らない、十分なお金がない（奨学金は大きいものではない）等様々だ。文化や金銭、教育への考え方の違いもあり、異国での自立支援の難しさを感じる時である。「奨学金は決して多額とはいえない里親の給料、年金から捻出された貴重なお金だ。無駄にしたくない。相談もなくやめないで！」とくどくど説教した。ただ自分の考えを持つことは重要で、教育より仕事を選ぶこともある。どんな進路

専門学校に説明を聞きに行く

もその子の選択である。最後は「頑張って元気で仕事をするんだよ」と送り出す。

途中から専門を変えたい、という人も何人も出てきた。これはお金の問題もあり原則認めない方針とした。しかし２００９年卒業のグエン・ティ・サンさんの場合は少し異なる。経営の専門から教師になりたいと変更の申し入れがあった。公立の教師養成は学費が無料になるため、生活費のみの支給として支援を続け小学校の教師になった。ふぇみんのベトナムツアーでは、毎年自立支援を受けている子どもの学校や仕事場を訪問して自立支援の在り方を検証している。２０１６年、里親たちはサンさんの小学校を訪問、国語の授業参観をさせてもらった。緊張気味のサンさんだったが、立派な教師姿に里親たちは自立支援の実りを目の前で実感し、わが子の成長のように喜んだ。

希望をもたらす支援の循環

２００９年からは日本へ留学するものも出てきて、中には最近自ら里親になった人もいる。ダナンの街で、一人ひとり付き添って学校を探して自立支援をはじめた日から15年、子ども達は大きく育ち、自立支援を受けたものが自ら支える側に回る支援の循環が起きてきた。留学生らの希望レストランの活動は、共感する様々な人々の思いを巻き込んで、未来に向け私たちに大きな希望をもたらしている。

（竹内みどり）

小学校の教師になったサンさん

ろう教育——自立をめざして

希望の村には、聴覚障がい児のための小学校があり、耳の聞こえない子どもたちが健聴児と一緒に生活している。その数はここ数年増えてきて、毎年40人を超えている。18歳以上になっても小学校課程を卒業するまでいられることになったことや、ベトナムの経済発展により困難な家庭が減って健聴児の入所が減ってきたこと、ろう児に教育を受けさせる必要性が認識されてきているのが理由と思われる。

希望の村でのろう児への教育の柱は、①施設内にある小学校教育、②卒業後の自立を目指す職業訓練、③手話教育の3つである。

10年かかる小学校教育

ろう小学校でも普通小学校の教科書を使い、手話や絵教材なども使いながら、国語、算数、理科、絵、技術、道徳などを勉強している。1学年の内容を2年かけて勉強するため、卒業するのに10年かかる。入学する年齢が6歳より遅れることもあるので、同学年でも年齢はまちまちである。踊りの練習などもやっていて、里親ツアーでは、音楽に合わせて見事な踊りを披露してくれる。実は舞台下で教師が指示を送っているのだが、ろう児も太鼓などの音は振動で感じると聞いた。

職業訓練と就職

聴覚障がい者の就職はまだまだ難しく、自立に役立つことを目指して、刺しゅう、縫製、木工、コンピュータ、カード作り、絵、調理などの職業訓練が、希望に応じて行われている。それぞれ専門の先生を招いて、週に1回から3回勉強している。

刺しゅう、木工、絵の訓練を受けた卒業生の中には、訓練を生かした仕事に就いた人もいる。絵を習ったトゥイさんはずっと絵を描く仕事をしている。外国のNGOなどが運営する「リーチングアウト」、「ダックカフェ」（日本）、「ブレッド・オブ・ライフ」（アメリカ）は、長年多くのろう者を雇用してくれた。縫製の訓練を受けたろう者は、里親が運営している「アートさくら」（p118）で働く他、近年では、縫製工場でも障がいのある人を雇用することが奨励されている。

でき上がった刺しゅうは、アートさくらで縫製され、ハンカチ、ポーチ、枕カバーなどの製品になり、訪問者にプレゼントされたり、ダナンの土産物店や日本で販売されている。カードは訪問者へのプレゼントや、日本の里親へのグリーティングカードとして毎年送られ、喜ばれている。

枕カバー

手話教育とドンナイろう学校への進学

「ろう者にとって手話は第一言語」。自らも聴覚障がいを持つ里親の言葉は、ろう教育の素人であった私たちにとって、「目から鱗」だった。ベトナムでは以前の日本と同様に口の動きを読む口話が主だった。しかし、声調が6つもあるベトナム語は口を読み取るのはさらに難しい。そこで2008年、当時ベトナムで唯一の高等教育を行っている「ドンナイろう学校」にビン所長、ろう教育担当教員と一緒に視察に行った。ウッドワード博士の指導の元、「聞く」「話す」を手話で、「読む」「書く」をベトナム語で教育を行い、日本財団が支援していた。詩を読んで、生徒たちが手話で話し合い、自身聴覚障がいを持つ先生が数学を教えていた。私たちはその高度さに感動した。ほどなく「ドンナイろう専門学校」を卒業した先生を招き、手話を教える授業を開始し、担当教員や職員も参加した。子どもたちは生き生きと勉強し、表情が明るくなり、「どの子も自分を表現したいんだ」という当たり前のことを実感した。

2010年7月には希望の村の小学校を卒業した2人の子どもが初めて、「ドンナイろう中学校」へ入学した。訪ねていくと、「本も新聞も読めるようになった!」と学ぶ喜びを笑顔で語ってくれた。2014年8月には、新たに2人の子どもが入学した。

希望の村での手話教育は、2011年から教師が見つからず、継続的な授業ができなかった。2014年9月からアメリカのNGO「セントラル・デフ・サービス」が2人の教師を派遣してくれることになり、翌年からはふぇみんとの契約を1年ごとに行っている。初め、2クラスだったが、ろう児の増加と子どもの手話能力の成長により、現在は6クラスになり、きめ細かい授業が行われている。基本は、①実物、絵、映像 ②それを表す手話 ③ベトナム語の読み書きを連動させている。日本のろう教育でも基本は同じなのだろう。

ある時、新しく入った小さい男の子は、泣いて座らない。先生が袋から果物のレプリカを取り出して見せると、他の子は袋をのぞき込んで興味津々。その子もだんだんつられて覗き込んでいった。とりわけろう児は幼稚園に行かず、家で過ごしていたので、大変だが、見事な指導に感心した。

卒業生が先生になる――支援の循環

ろう児の数が増え、2人の担当教師は音を上げて、私たちにも訴えてきた。ちょうど「ドンナイろう中学校」を卒業した卒業生のナーさんが、ダナンに戻って来たので、助手として働くことになった。当初「彼女はまだ若いから子どもが言うことを聞かない」と担当教員は嘆いていたが、だんだん慣れていった。ナーさんは絵も教えている。

20年10月「ドンナイろう専門学校」を卒業したマン君が教師として就任し、教師が3人と助手1人になり、みんなに目が届きやすくなった。

（渡辺美里）

絵を教えるナーさん

それぞれの自立

ホテルの壁に絵を描く

Nguyễn Thị Thanh Thúy／グェン・ティ・タン・トゥイさんの場合

13年ぶりの再会で、愛くるしかったトゥイさんはすっかり落ち着いた31歳の大人の女性に成長していた。

幼い頃から絵が好きで、紙があれば絵を描いていた。里親の浦野次枝さんは希望の村に会いに行った時、絵のうまさに感心して、度々絵の道具をプレゼントしていた。希望の村にいた2003年、2005年に、ダナンの絵画の大会で受賞、2008年には個展を開いている。

トゥイさんには聴覚障がいがある。ふぇみんが自立支援を始めた2006年、同じ聴覚に障がいをもつ浦野さんが、その年卒業するトゥイさんに、「自立支援」で絵を習うように勧めると「やりたい！」と目を輝かせた。先生は、希望の村で絵を教えているドン先生。楽しそうに描くトゥイさんの絵は、村の中に動物たちがいて、いかにも素朴で優しく、薄暗い森の中に光が射していた。ドン先生は、「何時間でもじっと絵を描き続けられる集中力がすごい」という。

初めての自立支援の出費は、月謝28万ドン（1700円）、生活費月60万ドン（3600円）という小さなものだった。私は自立支援を始めることを目的に駐在したばかりで、長年の里親の思いが積もったこの一歩にこみ上げるものがあった。急いで事務所に戻りパソコンを開けると、

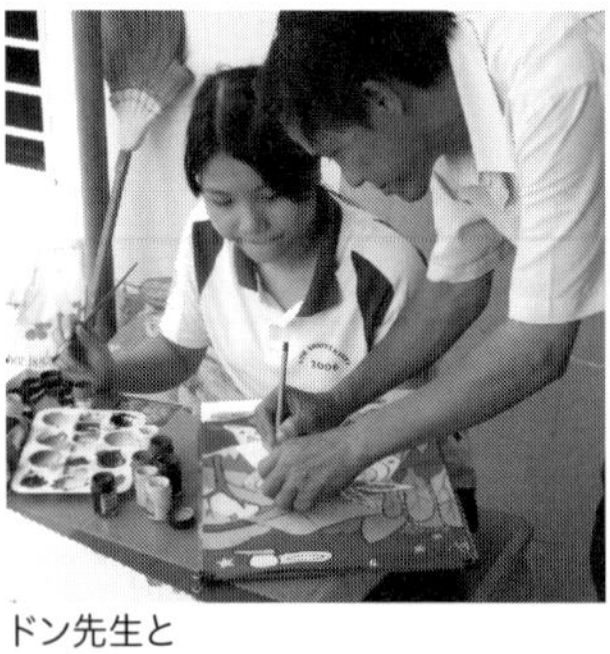

ドン先生と

はやる思いで浦野さんら里親たちにこの様子を伝えた。

２０１２年、トゥイさんは友人の紹介で知り合ったドイツ人の誘いで、ドイツに3か月滞在した。ろう者のグループで多くの知り合いができて画家を紹介された。「ここでたくさんの絵に出会ったことが私の幸せでした」。ドイツで見た数々の絵にトゥイさんは衝撃を受け、絵画に対する視野が大きく広がり、転機となった。その後、故郷のクァンガイに戻り、絵を描き続ける。個人的な依頼もあるが、ホテル、幼稚園、公園などからの注文も入るようになった。

クァンガイのホテルの大きな壁に向かって、高く長い台にのってトゥイさんは奔放に描く。山の中を川が流れ、駆け抜ける幾多の馬たち。「村の絵が好きだけど、今まで描いた中でこの絵が一番好き」という。この絵を含め多くのトゥイさんの絵をフェイスブック（以下FB，登録名Nuk Art）で見ることができる。テーマは幅が広い。ベトナムは仏教徒の多い国で、頼まれて仏像もたくさん描いていて、細部にわたる緻密な筆致に驚かされる。FBには肖像画も多く、陰影に富む自画像は「トゥイ」そのものだ。２０１６年からは「芸術的な入れ墨」を学び、頼まれて人の腕などに刻む。FBの小さな薔薇の入れ墨は妖艶で美しい。

市内の兄の家にアトリエを作った。「絵を描く時が一番好き。自立支援がきっかけで絵の道につけたことが嬉しい」と真っ直ぐな思いを手話で伝える。ただ絵で完全に自立することは難しく「安定して生活できることが将来の目標」と言う。

ドン先生以外習った人はなく、これまでの先生は全てネットという。自分の絵を一番理解してくれる人は誰？　と聞くと、ためらわず「ドン先生」と言った。インタビューに答えるトゥイさんは絵を描き続けてきた人の自信にあふれていた。

（竹内みどり）

ホテルの壁に描く

日本語と旅行 —— 学んだことを仕事に

Đặng Thị Ánh Ly／ダン・ティ・アン・リーさんの場合

リーさんは、母親が亡くなり、希望の村で6歳から18歳まで生活した。その後、ふぇみんの自立支援で、さくら日本語センターと、旅行の専門学校へ同じ時期に3年間通った。日系の会社で働き、何回か転職した。最初の給料で、駐在員にご飯をご馳走してくれて、別の駐在員は、庭にマンゴーのあるリーさんの家で何回かご馳走になったそうだ。結婚と出産を経て7歳になる男の子がいる。夫も希望の村出身だ。出産と育児のために仕事を辞めて、その後会社で翻訳の仕事をしていたが、実際に日本語を話せる旅行関係の仕事をしたいと思っていた。そして2017年にAPEXという旅行会社に転職した。日系の現地旅行代理店だ。仕事の内容は、旅行の添乗と、ガイドの割り振りだ。2020年にはふぇみんのツアーの企画も一生懸命やっていた。駐在員が、何度かツアーの相談に行った時のリーさんがとても立派だったので、大きく成長したと思ったとのこと。ツアーがコロナ禍のために実現せず、残念だった。「営業時間後の上司やガイドからの電話対応や、日曜の出勤など、仕事は大変なことも多かったけれど、

ふぇみん事務所で里親ツアーの打合せ

給料は高く、上司も同僚も優しくて、特に上司は日本語も教えてくれて嬉しかった」とリーさんは言う。今までした仕事の中で一番好きで、続けたかったけれど、コロナ禍のため観光客が来ないので、２０２１年3月に仕事を辞めたそうだ。とっても残念がっていた。

今は、夫とコンビニを始めた。父親の所なので、家賃はかからない。一ケ月で準備したそうだ。動画で店内を見せてくれた。立派なお店で、品数も多かった。売れ筋を聞くと、一番は調味料で、次はアイスやジュースとのこと。暑い国なので冷たいものがやはり人気なのだろう。ドラえもんの絵のついた品物もあった。短い準備期間で店を開店するとは、リーさん夫婦のエネルギーと努力に脱帽だ。

リーさんに、どうして日本語を勉強しようと思ったのかと聞くと、「毎年日本から里親たちが来るので、日本語で直接話したかったから」と答えてくれた。とっても嬉しかった。リーさんは、私の質問に日本語で答えてくれ、彼女との日本語での対話に温かい気持ちになった。「学生の頃、日本語は文法と漢字が難しかった」と言っていたが、きっと一生懸命勉強したのだと思う。リーさんと話して、真面目で誠実な人柄、そしてたくさんのエネルギーを感じた。

コロナが収まり、旅行がまたできるようになったら、勤めていたＡＰＥＸに戻ってもとの仕事をしたいと思っているそうだ。その時には2つの仕事は無理なので、コンビニは夫が一人でやるとのこと。早くその日が来ることを心から願っている。

（澤口康子）

7歳になる息子と

10年越しの夢がかなった

Nguyễn Quang Mạnh／グエン・クアン・マンさんの場合

２０１０年６月、希望の村を卒業し、ドンナイろう中学校への入学が決まった時、マン君は駐在員の所に来て「勉強する機会を与えてもらってとても嬉しい。卒業したら、同じような境遇の子を教えたい」と言った。「入学の決定には、マン君の将来を思うタオさんと、ろう教育担当のタン先生の熱意があと押しした。また、遠い所から、早朝家を出発して、お願いに来られたお父さんの姿が印象的だった」と当時の駐在員、加堂妙子さんは語る。

その年の８月、学校を訪問した時、マン君は「本も新聞も読めるようになり、とても嬉しい」と、学ぶ喜びを語り、「日曜日には、ホーチミンにあるろう者のクラブに行って、いろいろな方と交流できます」と、大きく成長していた。

14年、中学校卒業時の手紙にはこう書かれている。「今夏休みで、実家に帰っています。毎日家で母の仕事を手伝っています。夜中まで勉強して良い成績が取れ、中学校卒業試験に合格でき、高校生に

ドンナイろう学校の授業で発表するマン君。高1

なりました」。マン君は夏休みに帰省すると、いつもふぇみんの事務所に来てくれ、時にはアートさくらの後輩たちと親交を温めた。

20年3月、専門学校卒業間近のインタビューでは、「1年前に寮を出て一人暮らしをしています。土日には麺の店でアルバイトをしています。友だちがたくさんでき、楽しい学校生活でした。専門学校で53科目勉強し、学校から奨学金をもらうことができました。ドンナイ障がい子どもセンターで、4週間教育実習をし、1年生のクラスで書き方の授業をしました。とても勉強になりました。今まで20年も勉強し、とても大変でしたが、卒業したら、希望の村で教えたいです」と話してくれた。

問題は、希望の村のろう学校は、公立ではないので、給料をどこから用意するか？　私とタオさんは、ヴィン所長と共に、希望の村を管轄する「困難を抱える女性と子どもの委員会」の所長ホアさんにお願いに行った。マン君のこの10年に渡る熱いストーリーは、ホアさんの心を動かした。

同年10月、3年制の専門学校を卒業し、教師の資格を取得。希望の村で教師になり、教え始めた。10年越しの夢がかなった！　本人のみならず、両親、里親、事務局、みんなにとって感激の時となった。2期からは手話クラスも担当している。

（渡辺美里）

マン君のお母さんからの手紙　2014年

親は生まれたばかりの子どもが、少しずつ大きくなり「お母さん、お父さん」と言ってくれるのを楽しみにするでしょう。それは本当に親にとって普通の願いだと思います。でも、マンは聴覚に問題があり、言ってくれませんでした。でもありがたいことにそれ以外、何でもできます。マンは田舎で生まれ、ろう学校がなかったので、希望の村に入りました。母と言っても小さい時から息子と一緒に暮らせないし、世話ができませんでした。これを考えると、心が痛みます。皆さんはマンを生んだわけではないけれど、いつも温かい愛情をくださって、マンにとって二番目のお母さんと思っています。

フーコック島に3年！病気の里親さんにハグを送りたい

Bùi Thị Hà／ブイ・ティ・ハーさんの場合

「今はフーコック島に住んでいるの！」と開口一番ハーさんの言葉。フーコック島はホーチミンから飛行機で30分ほどのリゾートの島。カンボジア領に張り出した国境の島でニョクマムの産地、リゾート地、フーコック犬、あと政治犯の監獄があったことでも有名。もう3年になる。

漁師だった父親が台風で亡くなった。お母さんが一人で働いて、生活するのが大変になったので、末娘だったハーさんは希望の村に入所した。運動が得意で、サッカーをしたり、走ったり、泳ぎもよくした。中学生の時、ダナン市のリレー競技会でハーさんのグループが一位を取って優勝！　100メートル走では個人2位で、新聞にも報道された。

希望の村卒業後は、「韓国専門学校」でIT関連の勉強をしたが、それを生かした仕事になかなか就くことができず、何回か転職をした。食べ物屋さんでの皿洗い、コーヒー屋でアルバイトもして、一時さくらカフェで働いた時もある。その時はハーさんの明るさでみんなを和ませてくれた、と駐在員の弁。

さくらフレンズカフェで仕事中(右)

専門学校に通っていた時は、すでに自立していたお姉さんが助けてくれたので、ふぇみんからの奨学金と生活支援金だけで、お金はなるべく使わないようにして、やりくりしていた。

2016年に結婚。夫が以前フーコック島で働いていたことがあり、声がかかった。島で仕事をすることになった時、「私の仕事がなかったら、行かない！」と言った。仕事していないとつまらないからだそうだ。今の仕事はIT関連のサポートで、W-i-Fiとコンピューターを繋いでネット環境を整え、会議を設定したりしている。最初は信用されなくて、仕事も難しかったけど、今は自信をもって仕事をしている。

子どもは2歳。夫のお母さんに世話を頼んでいる。休みになると、家のことをして、市場に行って、子どもと過ごす。「勉強もしたいし、生活も良くしたい。子どもとの時間ももっと欲しい」と言う。

「ふぇみんは学校に行ける機会と仕事も考えてくれ、たくさん応援してくれた」ときどき、里親だった中崎布佐恵さんを思い出して、心配している（p54）。病気の里親さんからいただいた手紙の字がよく書けていなかったから。「今何をしてあげたらよいか分からない。4年間も連絡できないでいるので、ハグを送りたい」。

くったくなく大きな声で話し笑うハーさん。写真を、と言うと、かわいい盛りの子どもの写真をどっさり送ってくれた。すごく元気でエネルギーに溢れていることが一目でわかる。この元気さと積極性をこれからも持ち続けて欲しい。

（飯塚絹子）

仕事しているのが好きとハーさん

好きなことを夢中になってやりたい

Trịnh Thị Xuân Hiệp／チン・ティ・スァン・ヒップさんの場合

2017年のベトナムツアーで、自立支援卒業生の職場訪問があり、ヒップさんの職場であるダナンのトゥイ・ホア保育園を訪ねた。

園児にダンスを教えたり、絵本の読み聞かせをしているヒップさんは、生き生きとしていた。そのヒップさんの今をたずねた。

希望の村にいた時、村にはダンスのクラスがあり、そこで伝統舞踊を習ってダンスが大好きになった。里親だった小野木美重子さんは、「ツアーの交流会では、いつもヒップさんが中心になってダンスを踊っていた。リーダーシップがあり、小さい子の面倒をよく見ていた」と語る。

歌も、ダンスも、子どもも好きだったので、子どもに関わる仕事がしたくて保育の専門学校に入る時、ふぇみんの自立支援を受けた。卒業後、今の保育園に歌やダンスの専任として就職した。「はじめて子どもを担当した時は、すごく緊張しました。命をあずかっているから、なにしろ安全に気を配りました」と言う。

勤めるうちに、正規の教師になりたくて、ダナン師範大学への入学を決意し、再度の自立支援を受けた。夜間大学での3年間は、朝6時半から夕方5時まで保

「先生」「こども」言葉の勉強

育園の仕事をし、6時から8時半までは大学で勉強。大学までは30分かかったので、夕食はバインミーなどを買って簡単に食べる生活だった。就寝は11時頃で時間的にとてもきつかったが、結婚していたので、夫のお母さんや、夫のギアさんが支えてくれた。そんな3年間を過ごした大学の卒業はすごく嬉しかった。知識も豊かになった。

今はその保育園で教師として3歳から6歳児を担当している。園のカリキュラムは、朝6時半に園児の朝ごはんの机を準備することから始まる。子どもが来るとすぐ食事。働く親が忙しいのはどこの国も同じだ。保育のカリキュラムでは、歌を歌ったりダンスをしたり、使っている道具や動物の名前を教えたり、木の葉を使って1、2、3と数を勉強したりする。どうして雨が降るのという疑問から水のことを考えてみるなど楽しみながら教えていく。

先生をしていて良かったことはと聞くと、「子どもはみんな自然体なので大好きです、大きくなっていくのが楽しみです」と充実した、やりがいを感じている様子。

結婚して10年。小学校1年の男の子と、2歳の女の子がいる。休日はどう過ごしているのか聞いてみた。「家族や、子どもたちと」との返事を想像していたのだが、ヒップさんはまた別の活躍の場を持っていた。主に小学校や、中学校から依頼されて、ダンスを創作して教えているのだ。希望の村でも教えているという。

保育園の教師と、創作ダンスの先生という仕事に携わっているヒップさん、これからも好きなことを夢中になってやりたいと言う。夢は何ですかと聞いたら、「子どもたちや家族とずっと一緒に過ごすことです」と、はにかんだ笑顔を見せてくれた。

（佐藤かおり）

大学卒業証書を手に

日越の架け橋に

——留学する卒業生たち

ふぇみんの自立支援を受けて来日した希望の村の卒業生は、２００９年から２０２１年までに13人になる。関東近県から、長崎、山口、島根、北海道、更にはハワイへ移住した人、留学を終えてダナンに戻った人もいる。各地で学び、すでに自立して仕事をする人もいて、それぞれが日越の架け橋となって人生を歩んでいる。里親たちはこの各地に住む「娘」「息子」たちとの交流を心から楽しんでいる。日本語で話ができるのは何より嬉しい。

13人の来日には、５つの形態がある。始まりは、さくら日本語センターの「生活困難な学生への留学基金」によるもの（３人）。15年には「あしなが育英会」による支援（１人）、17年からは朝日新聞奨学生として来日（７人）、20年は長崎県五島市の奨学金による五島の日本語学校への留学（１人）。他に日本人との結婚による来日が１人いる。

１．こうして留学が始まった

——生活困難な学生への奨学金

2020年秋、立川市昭和記念公園での交流会

自立支援が始まって数年経った頃、さくら日本語センターで「生活困難な学生への留学基金」という制度ができた。ふぇみんとしても、希望の村の卒業生が日本に来られたら、日越の架け橋となって私たちの活動に大きな意味があると留学生を迎える話が盛り上がっていった。

そんな中、ランさんが留学生1号となる。それには小さな偶然があった。ふぇみんの里親ツアーが2005年、希望の村を卒業したばかりのランさんの田舎の家を訪問した。帰途、ランさんは「日本語を習いたいのです」と上手な英語で話しかけてきた。明るく積極的な子だと感心するものの、その時は「実現するといいね」で終わるしかなかった。自立支援がまだ始まっていなかったからだ。

留学生第一号のランさん

翌年、自立支援が始まって間もなく、ふっとそのことを思い出し、「昨年のツアーで日本語を学びたいと言っていた子がいた。連絡を取ってみますか」と現地スタッフのタオさんに相談した。タオさんがあちこち探して連絡をとると、ランさんは、支援の申し出を喜んで受け、日本語を学び始めた。それから2年後、自立支援で日本語を学ぶ他の子は、みな専門学校に在学中で、この時すでに卒業していたランさんが初めての留学生に決まった。

受け入れる側の私たちも初めてのことで、ワクワクしながら成田でランさんを迎えた。来日後、ランさんは日本語を2年学び、上智大学に入学し社会福祉学科を卒業。その後高齢者施設で3年間働いた。

その後もこの基金での来日は2人いる。12年にビンさん(産業能率大学で経営を学び、現在は貿易会社に勤務)、15年にガーさん(専門学校を卒業し、現在、福島の会社でベトナム人エンジニアのサポートをしている)。この基金からの貸し出しは30万円。ふぇみんからの支援はダナンでの自立支援に限っていて、日本では里親宅のホームステイや部屋を無料で貸す、アルバイト先を紹介する等、側面支援が中心だった。そのため、このシステムの留学は、アルバイトをたくさんしなければならないという問題点もあり、他の留学システムが模索された。

2．あしなが育英会による留学

フーンさんは、13年に高校を卒業し、ふぇみんの自立支援を受け、ダナン経済大学で学んでいた。2年生の時、さくら日本語センターが提携する「あしなが育英会」（親を亡くした子ども等に教育支援をするＮＰＯ）がベトナムで留学支援を行うことになり、フーンさんが選ばれた。15年に来日して、関西大学で日本語別科に通った後、経済学部に入学した。「あしなが育英会」からは、卒業まで学費が支給された。生活費はコンビニなどで稼ぎ、周囲の様々な応援（ｐ１３５）を得て21年卒業。コロナ禍であったが日本の製造会社へ就職がかなった。「最初は不安でいっぱいでしたが、わからないことは何でも先輩に聞いてがんばっています」と自立第一歩の思いを語った。

3．朝日新聞の奨学生として

さくら日本語センターは、新聞配達奨学生を募集する朝日新聞の販売所とも提携していたので、ふぇみんが支援する希望の村の卒業生も、これに応募するようになった。17年のルーさん、ラーさんが初めての挑戦となる。新聞配達の仕事は少々過酷だ。仕事は夜中から始まり、寒い日もあり大変な毎日だ。しかし給付型奨学金があり、その間家賃は免除。そして月10万円を超える給料があるという点では魅力的な内容だった。

ルーさん（観光専門学校を卒業後、21年北海道のホテルに就職）、ラーさん（2年間日本語学校で学び、帰国）、ヤン君（自動車専門学校）、フン君（ビジネス専門学校）、クァン君（ＩＴ専門学校）、リーさん（観光専門学校）、クェンさん（日本語

来日前に朝日奨学生の先輩から話を聞く

学校）の7人が奨学生となっている。

4・長崎・五島日本語学校へ

17年に高校を卒業したトゥイさんは、日本語を学び、さくら日本語センターが長崎県五島市と提携している留学システムで20年に来日した。このシステムは、人口減が進む中、県と市、公立大学法人が地域社会の振興と国際人材の育成を目的に始めたもので、20年が初年度で年学費54万円のうち給付型奨学金が48万円。寮費も無料の好待遇。レストランのアルバイトで、足りない分を補っている。

人口の少ない五島に多くの外国人がやってきたが、五島では島をあげて留学生を歓迎している。トゥイさんは「ここの人はとても優しく、いつも助けてくれます」と初めての日本の生活を安心して過ごしている。

今、ダナンで日本語を学んでいる希望の村の子どもや卒業生たちは、日本各地で活躍する先輩たちの姿をみて将来の夢を思い描きながら、留学を目標に日本語の勉学に一生懸命励んでいる。

（竹内みどり）

新聞奨学生のクァン君

クァン君は来日3年目、IT専門学校で学びながら新聞を配る。起床は夜中の12時半だ。チラシを朝刊に折込み、雨の日は一つ一つビニールでカバーする。午前1時半にバイクで出発し、500戸に配達する。特に真冬の雪の日には、亜熱帯の国から来ている彼にとって身が凍る厳しい仕事だ。配達後少し眠って8時頃登校する。眠くて時々居眠りしてしまうことも。週3回は夕刊も配る。夕方帰宅し、食事、勉強を少しして7時頃就寝。

「今、就活中です。日本の仕事はハードと聞いて心配だけど、何としても頑張ります」と、厳しい新聞配達をやり抜いてきたクァン君の言葉は力強い。

自立支援１１０人

進路の概要

２００６年にふぇみんによる自立支援が始まって15年。希望の村を卒業してから自立支援を受けた卒業生は、１１０人（進路別・卒業年別の詳細は下の表の通り）。

健聴児では、大学20人（ＩＴ5、経済3、経営3、旅行3、教育2、その他4）、専門学校（2年制、3年制）39人。専門学校の専攻は、経営7、経理7、ＩＴ5、観光5、教育・保育5、その他10となっている。ベトナムでは在学中の就活はほとんどなく、卒業後それぞれ仕事を見つける。進学以外にも大学再受験や高校卒業試験再受験を目的とした支援や職業訓練（縫製、美容、調理、印刷技術、携帯修理など）も細かく行った。

卒業年度別自立支援の進路と人数　2021.3

卒業年	健聴児										聴覚障がい児					合計	日本語学習者							
	大学		専門学校		職業訓練		浪人 卒業試験		日本語だけ		中学校		職業訓練		アートさくら		日本語学習総数		日本留学		さくらカフェ 就職		さくらカフェ アルバイト	
	女	男	女	男	女	男	女	男	女	男	女	男	女	男	女		女	男	女	男	女	男	女	男
以前			1				1	(1)1	1							4	1		1					
06			6		4		(2)2						2			14	1		1		1			
07			1	1	1	4							1	2		10								
08	1		3			(1)1										5	(1)2							
09	1		5													6	2				2			
10			1	2							(1)1	1		(1)2		7								
11		2	(1)3	1	2	1		1							1	11	1	(2)2	1		1			
12	(1)1		3		1										5	10	(1)4		3				3	
13			(1)3	2											1	6		2		2				2
14	2		3	(1)1							2					8	(2)3	(1)1	1				1	
15	1	1		(1)1												3		1						1
16		1	1							1						3		(1)2		1				1
17	(2)4			1	(1)1				2							8	(2)6		2		1		1	
18		1							(2)4	(1)2						7	(2)4	(1)2			1		2	1
19	2	1							(2)2							5	(2)2						2	
20	1	1							1							3	1						1	
男女別合計	13	7	30	9	9	6	3	2	10	3	3	1	3	4	7	110	27	10	9	3	6	0	10	5
全合計	20		39		15		5		13		4		7		7	110	37		12		6		15	
中途辞めた	3	0	2	2	1	1	2	1	4	1	1	0	0	1	0	19	10	5	0	0	0	0	0	0

（　）の数は、うち途中で辞めた人数
一つを辞めて次の進路にした場合は最終の進路を記入

聴覚障がい者の就職は難しいが、卒業後さらに絵、刺しゅう、木工、印刷、美容などの職業訓練を受けて、就職する人もいた。２０１０年に初めてドンナイろう中学校に進学し、後２人続いた。13年に縫製工房「アートさくら」を設立したので、卒業生が入って来た（ｐ79、ｐ１１８）。２０１５年ころからは小さい子が多く、卒業する子がほとんどいなかった。

日本語の支援

縁あって日本の里親と繋がるようになったのだから、日本語や日本文化を知ってもらいたく、希望の村でも日本語を教えている。当初は駐在員が日本の歌なども交えて教え、その後はふぇみんの支援で日本語を学んだ卒業生が中心になって後輩を教えるようになった。子どもたちが日本に興味を持ち、日本語を学ぶきっかけになった。また、ひらがな、カタカナができるようになるだけでも、日本語を学ぶハードルが低くなり有益だ。

希望の村を卒業後、さくら日本語センターで日本語を勉強したのは、37人（表の「日本語学習総数」欄参照）。うち20年4月までに、12人が日本へ留学した。１人は日本人と結婚して来日。２人が留学を待っている。また２人が、留学せずベトナムで日系企業に就職した。

日本への留学を目指す子は、さくらフレンズカフェで働きながら、留学の準備をする。駐在員が時々日本語を教え、駐在員やお客との会話があり、さくら日本語センターの先生も出入りするので、格好の日本語のブラッシュアップの

希望の村で日本語を教える卒業生のリーさん。黒板上は希望レストランから贈られたテレビ

場である。しかし「さくらフレンズカフェの子は会話はできるけど、勉強しないから漢字ができない」と、先生に怒られている。

途中で勉強を止めた子も15人いる。大学などに通いながら日本語を勉強するのは、厳しく進級できないことも少なくない。２０１６年からは、日本へ留学するなら早い方が良いとの判断から、日本語だけ勉強するコースも作った。半分くらいがこのコースを選ぶようになった。自分に合った自立の道を見つけてほしい。

社会の変化と自立支援

この間のベトナム社会の変化は急激で、変化に即した自立支援は難しいものもある。最大の理由は、ベトナムの物価の上昇である。世界の経済・統計 情報サイト（「世界経済のネタ帳」）によるとベトナムの消費者物価指数は２００５年を１００として、10年

タオさんはいつも子どもの味方！

T君は3度もお願いに来た。1度目は大学受験。不合格になったが「さくら日本語センター」で日本語を勉強することになった。だが進級試験で不合格となり、本来なら支援ストップとなるところ、2度目の支援ということになった。ところが何の相談もせずに日本語の勉強を止めて、保険会社に入ったらしい。でも勧誘ができず、辞めて警備員になったそうだ。で、今度は大学で経営を勉強したいので、支援をお願いしたいと。私は冗談じゃない！　と突き放そうとしたのだけれど、タオさん、いつものように「でもね、まだ若いから、少しだけでも支援してあげて、様子を見ましょうよ」。というわけで、学費だけ少額支援することにした。それから4年。彼は警備員をやりながら経営と法律を学びとおし、もうすぐ卒業だ。

ふぇみん現地スタッフのタオさん（左）と卒業生たち

167、20年には282になっている。駐在員の実感として、街角で食べる麺やパンなどは4、5倍になり（最低賃金も約5倍に上がっている）、学費の値上がりはそれ以上の感がある。

それに対して、日本の物価や賃金はむしろ下がっていることもあり、里親費は変わらない。16年から、里親費以外に「教育支援金」に協力を呼びかけ、子どもへの支援を増やすことができている。費用の貸出制度も設け、困ったら必ず相談するように、きめ細かく声掛けをして自立を応援している。

（渡辺美里）

ホーチミンの工科大学で学ぶトァン君

自立支援について子どもたちに説明する先輩たち

ＮＧＯの職業訓練所

ベトナムには、ベトナム人や外国人によるＮＧＯの無料の職業訓練所があり、たくさんの希望の村卒業生がお世話になった。ホアスワ（ハノイ）、ＫＯＴＯ（ハノイ、ホーチミン）、ストリート・インターナショナル（ホイアン）など（p153）。そこでは、約1年半、料理や英語での接客を教え、併設のレストランでみっちり鍛える。卒業後は全員一流のレストランやホテルに就職できる。2012年にホーチミンのKOTOを訪問した時、「入学基準は何ですか」の問いに、家庭が貧しいことが第一条件だが、「ここに入らないと悪いことをしそうな子から入れていく」との答えだった。日本では「やる気」をあげがちだが、経済的にも人間関係でも恵まれない環境で育ってきた子は、夢を持てないことが多く、「やる気」を示せないことを分かっているのだ。

自立支援とその後のあゆみ――アンケートから

自立支援15年にあたって、ふぇみんによる自立支援は子どもたちにとって役に立ったのか、満足のいくものだったのか、その後の就職や今の生活などを知るためにアンケートを行った。

学生生活は？

健聴者43人の学生生活の概観はグラフの通り。

1　授業はきちんと出席しましたか？

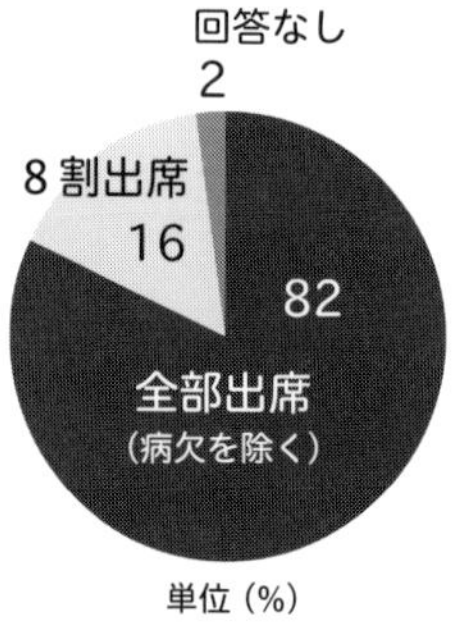

2　自立支援の授業はどうでしたか？

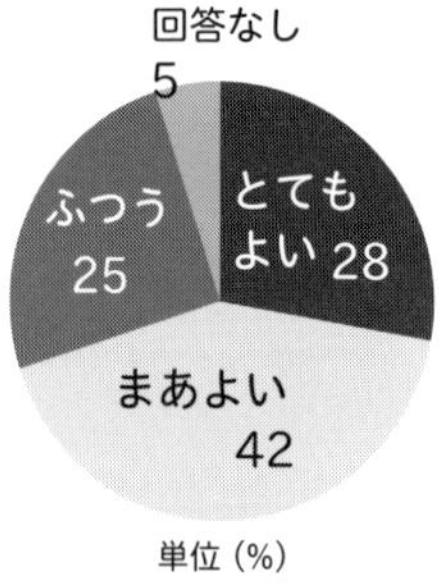

希望の村を出た後、自立支援を受けた人 110 人のうち、回答したのは、在学生 11 人、大学や専門学校を終え、ベトナムにいる 20 人、日本語を勉強して日本へ来た 12 人（日本を離れた 2 人を含む）、ろう者 3 人の合計 46 人である。連絡先がわかり、回答が返ってきたのは、ある程度うまくいっている人だろうと、推察できる。だから必ずしも全体の実態を表しているわけでない。

3　成績はどうでしたか？

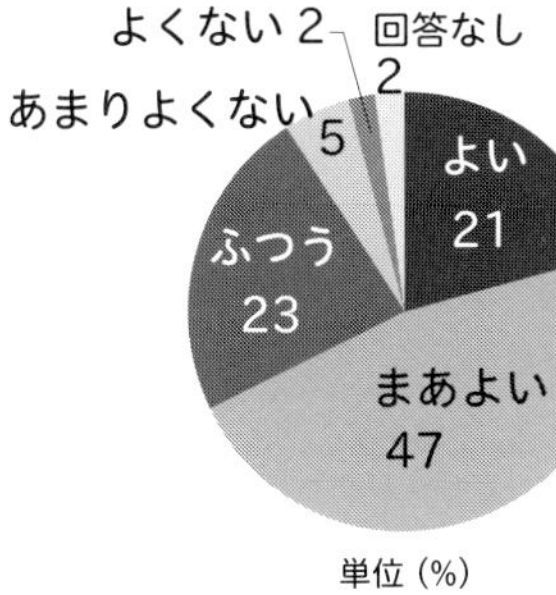

結果として、82%にあたる35人が授業に「全部出席（病欠を除く）」しており、70%にあたる30人が、授業について「とてもよい」「まあよい」と評価しているので、おおむね満足できる勉学情況だといえる。

右ページ以外の質問で「学生時代に困ったことは？」（複数回答）との問いには、「勉強」をあげたのが約半数の20人、「お金」も21人があげていた。実家から通学できたのは7人だけで、あと多くは、友人と一緒に部屋を借りて通学し、家賃や生活費がかかり経済的には厳しかったことがうかがえた。そして、ほとんど（37人）がアルバイト（カフェ、販売店、家庭教師など）をしていた。勉強とアルバイトの両立は大変だったと思われるが、それでも、成績は「良かった」9人、「まあまあ良かった」20人と、おおむね良好な成績を取っているのは、彼らの努力を称えるべきだろう。

ベトナムでの就職

ベトナムにいる卒業生20人のうち、家事・育児をしている女性1人を除いて19人が仕事を持っている。教師や経理などの専門職（5人）は同じ所で働き続けているが、他の場合は転職も多い。しかし、多くがすぐに新しい仕事を見つけ、転職により専門を生かす仕事に就くことができた卒業生もいる。また、コンビニ、トラック運送業、盆栽づくり、ネイル店を自営する人もいて、みんなたくましく働いている。

ろう者は、回答が3人だけで、統計としては難しい。2人が希望の村の教師、1人が絵を描いている。

価値観――人生で大切なこと

アンケートの最後に「人生で大切だと思うこと」を、11項目から順位をつけてもらった。全46人の回答の結果は、1位「家族」、2位「健康」、3位「お金」で、4位に「仕事の充実」。5位には、「自分の成長」と並んで「ボランティア」があげられた。

来日卒業生は？ 留学に肯定的、高いボランティア意識

来日卒業生は13人。うちアンケートの回答は12人。日本に留学する前にはダナンで、専門学校卒業（8人）、大学中退（2人）、全員が2年前後日本語を学んでいる。留学してからは、更に1、2年日本語学校に行き、卒業した10人のうち、7人が日本で専門学校、3人が大学に進学している。

日本での学校の授業は「とても充実していた」3人、「まあ充実していた」7人だが、「困難だった」こととして、8人が「日本語」をあげており、授業が理解できない悩みが大きい。

日本への留学については「とてもよかった」が9人で、留学に肯定的だ。具体的には「日本の文化、日本語を学べた」（9人）、「里親と交流できた」（8人）、「日本の働き方がわかった」（7人）。特に「希望レストランがやれた」は、九州にいる2人を除く全員の10人があげている（複数回答）。各自のコメントに「困っている人を助けたい」と書いている人が多く、自立支援を受け、支援を目的とする希望レストランを行っているだけに、ボランティア意識が高い。

「来日で良くない」こととして仕事の過剰さ、「家族が恋しい」などをあげている。「日本人の友だちが作りにくい」「日本になじめない」というコメントも数人あり、日本がどれだけ外国人を受け入れているかという問題を感じた。

仕事については全員が将来ベトナムに帰り、日系企業に努めたい（5人）、起業したい（4人）と夢は大きい。

コメントから

最後にふぇみんへのコメントと将来の希望を自由に書いてもらった。

ほぼ全員が「ふぇみんの自立支援のおかげで、専門の勉強ができ、仕事をすることができています。心から感謝しています」などと述べている。

とりわけ、来日卒業生は、支援期間も長く、「里親の皆さんはいつも私に付き添い、長い道のりを助けてくれてありがとうございます」（ガー）。またふぇみんの今後についても、「これからも私たちのような困難な子どもが学校に行け、もっと明るい将来が実現できるように、ぜひ応援お願いします」（ホア）と多くが後輩たちを気遣っている。

そして、自分の将来の希望として、「いいお父さんになりたい」（フン）「家族との幸せな生活を願っている」（多数）「専門を生かせる仕事につきたい」（マイ）

さらに、個人の夢だけではなく「将来お金をためて、希望の村の子どもたちを助けたい」（ティエン）、「将来、役に立つ人間になって、希望の村を手伝いたい」（ヤン）、「できれば他の希望の村の子たちが私と同じチャンスを得るのを助けることができるように努めたい」（ビン）、「家族や親せきの面倒を見ます。それから社会で困っている人を手伝いたい」（リー）、と支援する側に回りたいと言っている人も多数いる。

私たちの願う「循環する支援」が育ってきているのが嬉しい。

（渡辺美里・竹内みどり）

ベトナムにいる卒業生たちも
希望の村の子どもたちに手作りの差し入れ

卒業生の働く場「さくらフレンズカフェ」

初めての起業

開店イベントは大忙し。スタッフはみな、「起業」という初めての体験に興奮していた。２０１１年2月20日、ダナンのさくらフレンズカフェは、希望の村卒業生の働く場づくりと日越交流を目的としてオープンした。その日からすでに10年が経つ。バイクと自動車が埋め尽くす喧騒のホアンホアタム通りを一歩入ると緑豊かな木々が茂り、池にはたくさんの鯉が泳ぐ異空間の日本庭園があり、その奥にさくらフレンズカフェはある。

06年から駐在し自立支援を始めてみると、卒業生の働く場として、また、里親活動の拠点としてカフェのような場所があったらいいな、と漠然と思うようになった。どうしたらできるか、と考えていると、思い悩む時いつもドラえもんのように登場するさくら日本語センターの理事長・トロンさんから日越の交流の場になるなら学校の一階を無料で使っていい、と願ってもない申し出があった。胸が高鳴った。「思いが目的にかない、できると直感したことは深く考えない」と常々思っている。ことを始める時、深く考えればあれこれ困難が思い立ち、「止めた！」となるのがオチだか

らだ。よーし、実行！　と前に一歩を踏みだした。すぐに身近にいた里親に呼びかけ、希望の村の卒業生と共にカフェという形で交流スペースを作ることにした。まず「日本ベトナムフレンドシップ」という小さなＮＧＯを作り運営の核とする。スタッフは希望の村の卒業生で自立支援を受けてきた子どもたちが中心だ。自立支援第一期生で日本語を学んできたビンさん、自立支援でレストラン経営の専門学校を卒業したゴックさん、ハノイで料理の職業訓練を受けてきたトゥイさんなどが立ち上げメンバーだ。ビンさんの姉のホアさんは、希望の村の出身ではないが、スタッフのリーダー（店長）として、自立支援を陰から支えてくれている。

畳、障子、食材を日本から運ぶ

内装を全面改修、畳や障子の紙、電灯などを一つ一つ日本から飛行機で運び、木材を多用し落ち着いた風情の和風カフェができあがった。ダナンで実際にレストランを運営している人を紹介してもらい、厨房の備品、食材の調達など運営の万事を細かく教えてもらった。冷蔵庫、レンジ、鍋、まな板、包丁、コップ……、日本語が少しできるようになっていたビンさんを頼りに、一つ一つ、ダナン中をバイクでまわって買い出しをした。里親さんからも食器やふきんなどたくさんの寄付をいただいた。

カフェは、いまは日本料理も出すカフェレストランであるが、最初のコンセプトは実は甘味喫茶だった。和風喫茶ならできる、と思ったのだ。立ち上げメンバーの姪に和菓子の専門家がいて、すっかりその気で、ねりきりなどの和菓子の作り方を楽しく学んだ。しかしダナンの人は日本的な甘いものは苦手とだんだんわかってくる。お客

が注文しないのだ。リサーチ不足を反省しつつ、売り上げを増やすために少しずつ日本料理を取り入れていった。巻き寿司、カレー、天ぷら、かつなど試作を重ね、ベトナム人に試食をしてもらい、30種ほどのメニューがそろっていった。ベトナムで日本語を学ぶ学生も食べられるよう、価格は他の日本料理店の半額程に抑えた。

スタッフは自立支援で学びながら

スタッフは、自立支援を受け通学しながらカフェでアルバイトをする。2、3年働いて日本語を学んだのち、多くが日本に留学するか日系企業に就職する。これまでに21人が働き、うち13人が来日している。中でもゴックさんは、8年間カフェに勤務、卒業生としては最長だ。初めの頃は「いらっしゃいませ」という声も蚊が鳴くほどだったが、徐々に、料理、サービス、通訳など何でもこなしその成長は目を見張るばかりでお客さんからの信頼も厚かった。現在は来日しているが、時々オンライン会議に参加してカフェの運営を支えてくれている。

お客さんは多国籍、ボランティアをしてくれる人も

里親ツアーでは、里親がいつもカフェを訪問する。子どもたちが働く姿を見て、作った料理を食べ、自立支援を受けている里子たちと交流する。個人でダナンを訪れる里親にとっても、カフェは安心できる場所・拠点となっている。

カフェでは料理を出すだけでなく日越の文化交流や講座などのさまざまな取り組みもしてい

カフェで、自立支援を受けた子どもたちの同窓会

る。ベトナム料理教室の開催は50回を超え「もっと知ろうよ！ベトナム再発見」の連続講座も18回をむかえた。これらの取り組みは、ダナン・ホイアン在住の日本の女性たちの協力が大きな推進力となっている。ボランティアで、カフェの料理のアドバイスやメニューの作成、インスタグラムを立ち上げてくれる人もいた。

カフェのお客さんは、ベトナム、日本、諸外国からそれぞれ3分の1ずつ。日本からのお客さんには必ず声をかけ、その人が旅行者ならダナンの観光名所や観光ブックには載っていないグルメ情報なども伝える。希望の村やふぇみんのことを紹介すると、中には里親になってくれる人もいれば、帰国してから、希望レストランに来てくれる人もいる。

ネットで見て来たというバックパッカーの若者も多く、世間話からベトナム戦争まで話が及ぶこともある。この仕事の最高の魅力は多くの人々に出会い、さまざまな話を交わし、年齢、仕事、考え、国籍も異なる多様な人たちと新しい関係を築くことができることだ。

きれい、おいしい、安いそして……

さくらフレンズカフェは日本人が経営する飲食業の中で、いまダナンで一番の老舗となり、ネットの評判も上々、たくさんの人が「おいしい&きれい&安い」と嬉しいコメントをよせてくれている。

そんなカフェもコロナにより、2020年からはお客さん激減で困難な日々だった。これからは「おいしい、きれい、安い」だけでなく、環境問題に配慮したカフェをスタッフと一緒に作っていきたいと考えている。ボランティア大募集です！

（竹内みどり）

希望の村の子もカフェを楽しむ

日曜日の11時ごろ、7人乗りのタクシーが着き、希望の村の子どもたちがぞろぞろ降りて来る。興味津々で池の魚を眺めたり、部屋の中を見回したり、ドラえもんの漫画を目ざとく見つけて手に取ったり。以前はふぇみんのスタッフが希望の村に出向き、ファミリーを訪問していたが、さくらフレンズカフェができてからは、子どもたちがファミリーごとにカフェに来るように変更した。タクシーに乗ってちょっと遠くへ出かけたり、外の店で料理を食べたりすることも、普段なかなかできない楽しい経験だ。先輩の働く様子を見ることもできる。

お好み焼き、たこ焼き、オムライス、巻き寿司、トンカツ、デザートにどら焼き。これが人気の定番メニューだ。初めは遠慮してもじもじしているが、食べ始めるとあっという間に平らげてしまう。こんな時でもファミリーのお兄さん、お姉さんは小さい子に取り分けてやったり面倒見がいい。「どれがおいしい?」と聞くと「みんなおいしい!」と嬉しい答え。お腹が落ち着いたら、好きな遊び、好きな勉強、将来の夢などを聞く。先輩にも顔を出してもらう。次はお遊びの時間。ゲームをしたり、工作をしたり。写真をたくさん撮って、後日「里親通信」で、里親さんたちに子どもたちのことをお知らせする。

(渡辺美里)

「坊主めくり」で盛り上がる

日本料理を初めて食べる子も

マラソンアスリートたちの訪問

2015年8月、ダナン国際マラソンはベトナム戦争終結40周年を記念して「Run for Peace」を掲げ、参加費の一部をダナン枯葉剤被害者協会に寄付した。有森裕子さんが参加し、被害者センターの子どもや14人の希望の村の子どもと一緒に走った。「さくらフレンズカフェ」を訪問してくれた。

高橋尚子さんが、2018年1月さくらフレンズカフェへ。高橋さんは、JICAのオフィシャルサポーターで、当時JICAから青年協力隊員として派遣されていた野々山直世さんがいるダナン枯葉剤被害者協会を訪問。そして、野々山さんがカフェを紹介してくれた。ふぇみんと同協会は2007年から長く連携しており、協力隊員とはさまざまな活動を共にしていた。

メディアで紹介されるカフェ

ベトナムのテレビ

ベトナムの新聞

さくらフレンズ・カフェ　和風カフェ
Sakura Friends Cafe　MAP▶P.235-2A

2011年2月、児童養護施設を支援する日本人とベトナム人がオープンさせた日本風カフェ。料理クラスなども催行しており、旅行者でもより身近にベトナム文化に触れられ、ベトナム人との交流の場としても利用できる。抹茶ラテ（2万ドン）や日本茶などのドリンクのほか、和菓子（3万ドン）や簡単な日本食もある。

畳敷きの和室や日本の本（マンガあり）なども用意され、ほっとひと息つける空間だ

住125 Hoàng Hoa Thám　☎3752446　営9:00～21:00
休無休　カード不可　予約不要　[料理クラスの予約先]
E-mail sakurafriendship125@gmail.com（日本語可能）

『地球の歩き方　ベトナム』

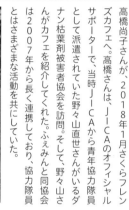

カフェではこんなことをしています

メニュー

お好み焼き、巻き寿司、そば、てんぷら、かつ、コロッケ、唐揚げ、ハンバーグ、ラーメン、どら焼きなど日本食を他店より安価で提供。（写真はカフェオリジナルのマンゴークリームあんみつ）

販売

希望の村の職業訓練・アートさくらの製品を販売。カード、コースター、ポーチなどの小物は旅行客のお土産に、刺しゅうの枕カバーや衣類はツアーの里親に人気。（ｐ79、122参照）

在住日本人との交流

在住日本人の交流の場所となり、ベトナム料理教室は50回を数えた。手作り講座では、先生になったり生徒になったり、教え合って楽しむ場が生まれた。また、二階のさくら日本語センターでは在住日本人の子どものための補習校が開かれている。（ｐ116高野有貴さん参照）

日本文化の紹介

主にさくら日本語センターの学生を対象に、巻き寿司、たこ焼き、そばなどの日本料理、折り紙や和紙の人形作り、日本の歌、書道、華道などを紹介。一月に石うすで餅つきをし、ベトナム、日本の子どもたちが大勢参加している。（石うすは里親たちが05年のツアーの時に作ったもの）

日本語フリートーク

注文一つで駐在員と1時間グループ会話ができる日本語講座を予約制で行っている。毎週20人ほどの予約があり大人気だ。ダナン在住の日本語ネイティブも参加している。

日本語会話―人生の知識

ダナン　レー・ティ・ハー・ドアン

日本語学習のため、ネイティブ話者との会話チャンスを探して、さくらフレンズカフェのフリートーク活動を見つけました。無料のトークはとても素晴らしく、ありがたく参加しました。会話練習だけでなく、日本文化、日本の流行、日本語の表現、日本やベトナムの現在や歴史などのテーマで毎週会話練習したおかげで、人生の知識も重ねてきました。また一緒に参加していたベトナム人ともつながり、日本語学習の経験など情報交換して勉強がもっと面白くなりました。私は6年以上も参加してきましたが、とても感謝しています。

連続講座

「もっと知ろうよ！　ベトナム再発見」

ダナン在住の日本の女性たちと共に始めた「もっと知ろうよ！　ベトナム再発見」という連続講座は18回を数え、毎回10人から30人の参加者がある。テーマは身近な日常生活のことから環境、福祉の問題など多岐にわたる。「ベトナム語で買ってみよう」という講座ではスタッフのゴックさんが先生となった。「ダナン魚講座」では日本

魚講座では、日本の居酒屋のオーナーを講師に魚市場を見学

みんなで学び笑いあえる場

もっと知ろうよ！　ベトナム再発見の会　丹羽　都

さくらフレンズカフェを訪れると、パワフルで陽気な二人の日本人が温かく迎えてくれる。カフェを運営する竹内さんが「在住者が交流できる何かをやりたい！」と提案。話し合いは脱線に脱線を重ねた結果、せっかくベトナムに住んでいるのだからベトナムについて深掘りしたい！　と「もっと知ろうよ！　ベトナム再発見の会」が発足。テーマは本当に使えるベトナム語講座からダナンの魚講座など次々と広がった。講座後はカフェでランチ。実はこの時間が最も有意義だったのかもしれない。講座の内容を深めたり、日々の悩みを皆さんに相談して泣いたり笑ったり……。在住者でよさこい踊りのチームを作っていて、カフェは旗を作ったり練習場所にもなった。みんなで学び、笑い合えるあの場が続いてほしい。

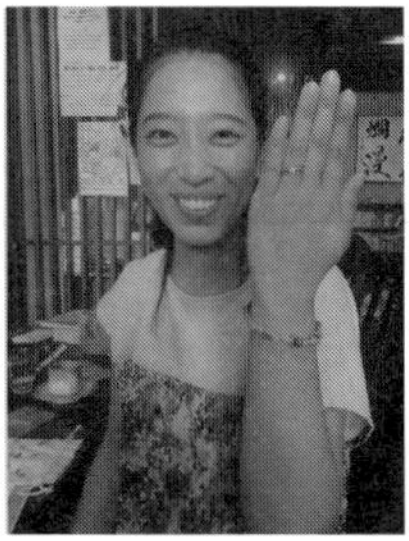

講座でブレスレットをつくりました

人の板前さんが講師に。早朝市場に行き、ダナンでとれる魚の種類を学んだり、魚さばきの実習も行った。「なぜ石鹸づくりをしているか」の講座ではこの地で石鹸製作・販売を行っている女性から環境問題の視点から話をきいた。「ベトナムの福祉」では希望の村を管轄する組織のホア所長が講師となり、ベトナムの福祉の現状が話された。ダナンの福祉施設などに駐在しているJICAの協力隊員が学んだことを報告してもらう機会もあった。協力隊員のいる枯葉剤被害者協会訪問の企画は関心が高く30人以上が参加し、枯葉剤被害の実態を学んだ。

ベトナムの福祉について

パーティ&コンサート

和室は舞台にも変わる設計になっていて、さくら日本語センターと協力して、毎年たなばた祭りや音楽のコンサートなどが開かれる。東日本大震災1か月後の2011年4月10日に、カフェで日本応援のコンサートが開かれ、歌手がボランティアで参加、たくさんのベトナム人が集まり、多くの寄付が寄せられた。2014年には、左手のみでギターを弾くヴィンさんのコンサートも行った。

さくらフレンズカフェと私

カフェは第二の家庭

Lê Thị Ngọc／レ・ティ・ゴック

私は、希望の村を卒業してさくらフレンズカフェで8年働いていました。今は結婚して日本に住んでいます。

カフェがオープンしてからスタッフとしての最初の1年は特に大きな問題もなく仕事をしてきましたが、ある日ビンさんが突然日本に留学することになり、不安にかられます。それは今までのカフェの仕事や日本語の翻訳・通訳は全てビンさんがやってきましたが、今後は全てその責任を私が負うということでした。

当時の私はまだ日本語も上手ではなく、責任感という文字も私の中にはありません。突然の非日常が訪れたことに、心はノイローゼ。しかし、時は待ってはくれないため、私はまず日本語の勉強に力を入れました。例えば日本人相手のベトナム料理教室でレシピを翻訳したり、日本人向けのガイドに積極的に参加し通訳するなどです。激務で心が折れそうになりましたが、次第に日本語が上手になっていきました。

また、仕事態度も正していきます。はじめのうちはふぇみんの竹内さん、渡辺さんに指示されたことをやり忘れて何度も指摘されてしまいましたが、責任感からくる気持ちからか、指示されたことは即座に行動に移すようになりました。

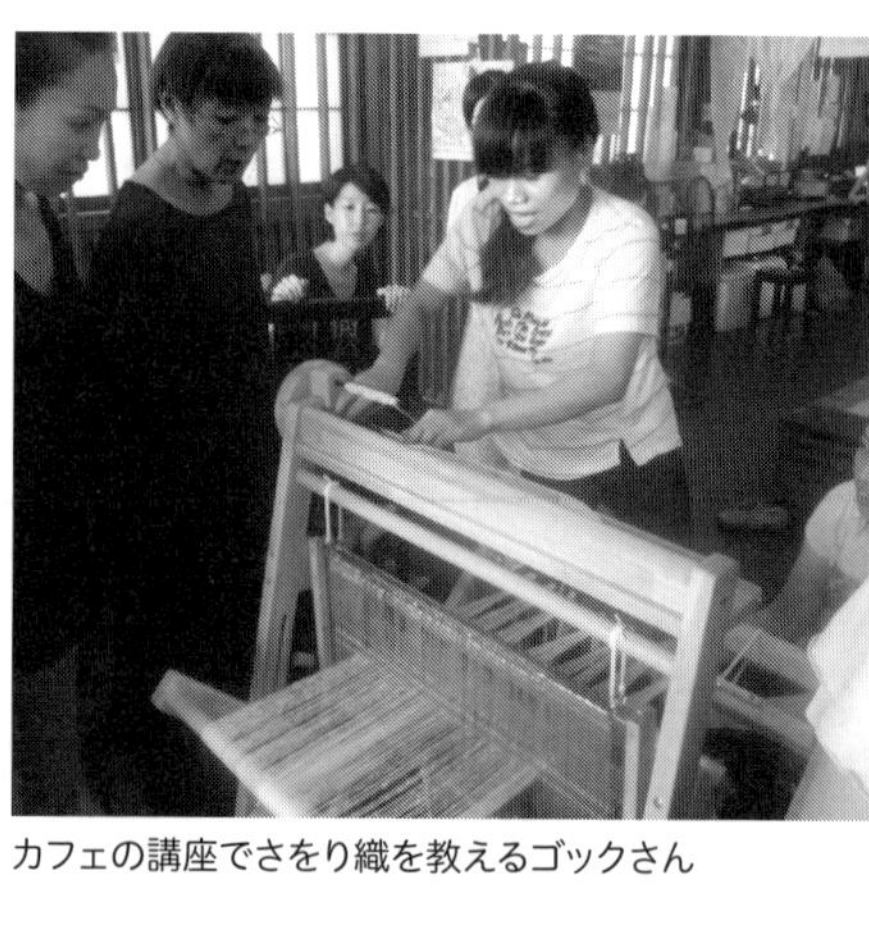

カフェの講座でさをり織を教えるゴックさん

カフェでは日本文化の交流として様々な活動を行っており、折り紙や日本の歌、日本料理など、日本人と一緒に準備をすることで日本を学ぶ楽しさも知りました。

さくらフレンズカフェで働くことがなかったら私は今どんな生活を送

っているのだろうとふと考えます。アルバイトからスタートして副店長になりました。もうすぐ10年が経とうとしている今、いつでもたどり着く結論は、やはりさくらフレンズカフェが一番だったということです。あの場所は仕事上の関係だけではなく自分の第二の家庭として喜びや悲しみ、辛さ、そういう感情を共有してくれるところです。そして、夫とカフェで出会い結婚できたのも、ここで勤めてきたおかげでもあり感謝しています。

ボランティアでインスタメニュー作り

関谷紀子

たまたま訪れたさくらフレンズカフェで運営する女性と初めてお会いし、お話をお聞きするうちに、学生時代から国際協力に携わってきた私は活動内容に大変興味を持ち、あれよあれよという間にボランティアとして関わらせて頂くことになりました。主に取り組んだのはインスタグラムの開設と運用、メニューの改訂でした。より多くの方にお店のことを知ってもらうための情報発信、そして購買意欲を上げるための魅力的なメニュー作り。どちらも専門知識があるわけでもなく、カメラマンとしてもまったくの素人の私！　魅力的なコンテンツ、写真とはどういうものか、どんなメニューが見やすいか、その都度調べたり、その道に詳しい方に直接聞いたり、他店のメニューをリサーチしたりと、試行錯誤でした。しかし新しいことに取り組むことはとても楽しく、間違いなくやりがいがありました。結果としてインスタを見て来店された方がいたり、メニューが見やすいという声をもらった時は素直に嬉しかったです。希望の村の卒業生のスタッフに

希望の村で折り紙を教える関谷さん

日本語を教える時間を作り、成長を間近に見ることができたのも楽しい時間でした。何か微力ながら貢献できたらと始めたボランティアでしたが、この活動を通して素敵な方々と出会うことができ、逆に私自身が学び、貴重な経験をさせて頂いた日々でした。

和の空間づくり

竹内佑一

ダナンに和風カフェをつくることはさくら日本語センターの職員室を移動して跡を交流空間とするアイディアからはじまった。里親である私は、カフェを運営するメンバーの一人として空間づくりを担当し、友人の建築家と和の構想を練った。アプローチの植栽の緑と池とがあいまって日本語学校の1階は、和食・種々の文化交流プログラムが提供されるダナンの「名所」の一つになった。

カフェの庭で　竹内さん

カフェには希望の村の卒業生が毎年就業する。彼らは仕事をしながら日本語と日本文化に触れることができ、ダナンに滞在するたびに私はその仲間となった。ここから13人が来日した。私はそのうち希望の村の4人と日本語学校の学生でカフェで働いた2人の日本での身元保証人となり、来日後は父親代わりの役目を仰せつかった。今でもみなから親愛を込めて「お父さん」と呼ばれるのは私の誇りだ。

いくさのちブーゲンビリア咲き乱れ

在住日本人の憩いの場、ワークショップの場としても

高野有貴

私は、２００６年にベトナム人の男性と結婚して２００９年に夫の故郷ダナンに住み始めました。現在、夫とベトナム雑貨店「ホアリー」(本誌カバー地図参照)を経営しています。

さくらフレンズカフェがオープンした時は、在住者や観光客向けのガイドブック「スケッチ」の仕事をしていたこともあり、情報提供などご一緒に仕事をしました。

当時はダナンに日本食レストランが数える程度しかなく、先見的な和カフェとして注目を浴びていました。

ベトナム人と日本人の交流の場にしたいという運営する方々の想いのこもった和の空間にどれだけ癒されたかわかりません。希望の村出身のベトナム人スタッフたちが教える「ベトナム料理教室」では、私たちが作ってみたい料理のリクエストもみなで相談し、楽しいひと時を過ごしました。時には、小さい子を抱えるダナン在住者のママさんたちがひと息つく、憩いの場でもありました。

仕事や子育てで忙しくしていた私にとっても、カフェの料理教室やその後の皆さんとの情報交換は、とても貴重な時間です。いろんな意見を出し合い、季節感のないベトナムで日本を感じられるようなワークショップを開催しました。特に在住者の方たちのスキルを活かしてベトナムのお花を使ったフラワーアレンジ、さをり織など日本ではなかなか体験できないような貴重なワークショップに参加することができました。

餅つきなどに参加した子どもたちにとっても、忘れられない日本文化の体験の場でした。

2018年からダナン日本人補習校は、自前の教室や事務所がなく、さくら日本語センターを使わせてもらっていますが、さくらフレンズカフェには本棚やプリンターを置くスペースをご提供頂き、子どもたちがリラックスしながら本を読んでいたりします。また、ランチやお茶をしながら先生方との打ち合わせや保護者の作業タイムなどに使わせて頂いたり、時には送別会やクリスマス会など季節のイベントなどで利用しております。

ふぇみんで開催されるツアーでダナン滞在の際にはハードな日程にも関わらず、私のお店に必ず立ち寄ってくださるなど大変お世話になっています。今後、子どもたちを連れて希望の村への遠足や交流会といったこともできたら素敵だなと思っています。

ひな人形づくりに参加した高野さん

聴覚障がい者の縫製工房「アートさくら」

ミシンは希望の村から運んで

卒業後、聴覚障がい者には仕事がなく、職業訓練所もなかなか空きがない。私たちの活動は希望の村の子どもたち全員の自立支援を課題にしているのに、ろう児の自立に行き詰っていた。

そこへひょっこり、以前、市場で縫製の仕事をしていた卒業生のホー・ティ・ヒエンさんが現れた。希望の村で、ろう児に縫製を教えていたこともあり、うってつけの人材だ。ヒエンさんに「聴覚障がい者の職業訓練を兼ねた縫製工房を作りたい。一緒にやってくれませんか」と聞くと、「いいですよ」と快い返事が返ってきた。さっそく今年卒業したろうの人に連絡すると、5人全員が無職のまま家にいた。誰もが顔を輝かせて「やりたい！」といい、話がころがるように進んでいった。

工房は、日本からのスタッフと、さくらフレンズカフェのスタッフが住んでる家の1階にしよう。少し狭いが何とかなる。縫製と言えば、まずミシンだ。さっそく希望の村に聞いてみると、4台借りられるという。いずれも日本製だが、古い足踏みだ。ウーンどうする？　でも4台もあるのは有難い。希望の村の寮母さんの夫が一台一台、バイク

で運んでくれた。ベトナムならではのこのたくましい光景を見て、よーしやるぞ！　と希望が満ちていった。２０１３年4月、縫製工房「アートさくら」はスタッフ7人でスタートした。

初めての注文は保育園の帽子

何しろ縫製の経営の何もかもが初めての経験で、細かいことから大きなことまで、やるべきことは際限なかった。布、糸、はさみに始まり、注文、販売、スタッフ教育、給料のこと。ホーチミンで知り合った縫製会社の女性社長の所にかけつけ、まず経営の基本の基を指導してもらい、東京の八王子にある本社から注文までいただいた。

何より肝心なのは注文取りだ。開始間もなく友人を通し、ダナンの日系保育園から子どもの帽子の注文が入った。１個材料込みで１００円。工程は多く、これでは全く収支が合わなかったが、それでも「ダナンでの注文第一号」に一同大感激だった。

それからは、さくらフレンズカフェに来るお客さんの中にダナンの会社関係の人を見つけては、「何か作らせてくれませんか」と見栄も恥も忘れて交渉し、注文をもらった。鋳物、手袋、はしご、精肉などの日本の会社の社長さんたちが次々と制服を注文してくれた。ツアー会社からは、顧客用のポーチ。アメニティ袋や土産物を注文してくれたのは、五つ星の日系ホテルで、ダメだしもあり納品には緊張した。近所の会社からキャンプ用の大きなテントを頼まれ、これは無理、と思ったが、スタッフたちは注文がきたら絶対断らず器用に何でも作り上げてしまう。しばらくはテント用の分厚い布が工房を覆いつくしていた。

保育園から注文された制服

勤務中、時々スタッフのおしゃべりがあり、手話を使うので縫製の手が止まるという、思いがけない問題もあったが、ともかく皆まじめで仕事が丁寧、縫製に関するクレームというものもほとんどなく、ただの一度も注文が絶えることがなかった。

営業からデザインまで

縫製の工房は、小規模とはいえ外国人が経営するなら法人化しなければならず、発足時に申請した。ベトナムでは申請してから許可がおりるまでに気が遠くなるほど時間がかかる。早くしたければ受付の人に「袖の下」が必要で、これはいわば隠れた「お急ぎ料金」のようなものである。役所をはじめ警察や病院などでも、この種の袖の下が今でもまかり通って社会問題になっている。私たちは「わいろ」は使わないと決めているので、許可には時間がかかるものと、ゆっくり構えた。

2か月後、許可が下りた。法人番号が発行され、あらゆる取引にこの番号が使われる。会計士を雇い、年度末には税務署への届け出がある。会計事務所の5、6人が一日かけて財務をチェックして報告書を作成する。従業員の数も収入も支出も豆粒ほどの小さな会社の財務だが、定められたお役所への届けはかくも立派なものだ。ベトナムでは外国人の活動は、ボランティアでも法人であることは必須で、活動するためには当然、法律に細かく従わなければならない。

この工房で私たちの役割は、こうした経営上の法的なことは無論のことだが、縫うこと以外万事承り。注文取りから生地探し、販売、クレーム対応に至る営業全般、日越間の荷物運び、いい生地が見つかればデザイナー？にだってなる。ふぇみんのメンバーが得意な分野を持ちあ

真面目で仕事が丁寧

って共同作業だからできることも多い。日本へ運んだ製品は、希望レストランやふぇみん関連のイベントなどで販売し、里親さんにはたくさんの製品を買ってもらって支えていただいた。

職業訓練として希望の村へ戻る

アートさくらは、日系企業の社長さんをはじめとして日越の様々な人々の温かい支えを得て8年間続いた。しかし、グローバル化の中、製品の安さを求められるこの国で零細企業の経営は困難続きだった。機械化や効率化が求められアートさくらの工房も種々改良に勤めたが、大工場の機械化にかなうものではない。障がい者のための工場でも公的な支援はなく、赤字が重なっていく。加えてスタッフは安定した職場環境の中で皆が長く勤めることもあり、新しい人材の職業訓練という目的が果たせない悩みがあった。

コロナ禍が方向転換の決断の時となり、２０２０年9月、縫製工房としての私たちの役目はいったん一区切りすることとした。最近では、聴覚障がい者を雇用する縫製会社も出てきて、スタッフの就職先は確保できる見通しが立ったことも大きい。

一方、希望の村では、長く縫製の職業訓練をしてきたが、最近はなかなかうまく機能していなかった。これからは原点に返って、アートさくらでの経験を活かし、希望の村で縫製の職業訓練を充実させて再出発することとした。子どもたちに聞くと、さっそく12人が応募した。男子が半分いるのが嬉しい。アートさくらで使った機材、残った布、糸、型紙なども利用して、リニューアルした職業訓練が２０２０年10月、スタートした。まずポシェットやパンツ作りが始まった。

（竹内みどり）

再出発した職業訓練に参加する子どもたち

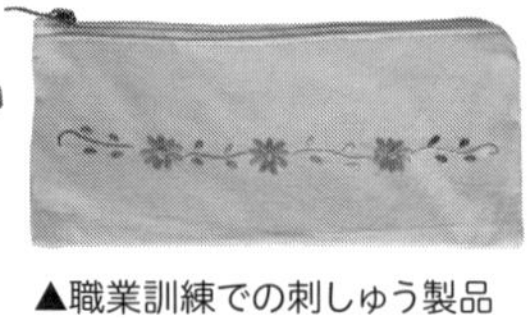

▲職業訓練での刺しゅう製品

▲このパスケースはロングセラーとなった

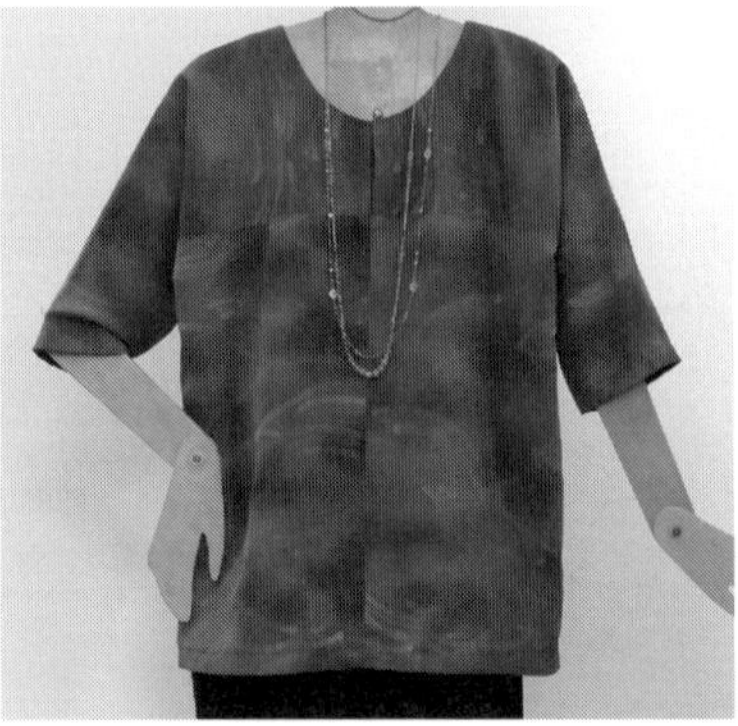

▲着物のリメイク。上着、チュニック、パンツなど一人ひとりの希望に応じて丁寧に仕上げ、たくさんの注文があった

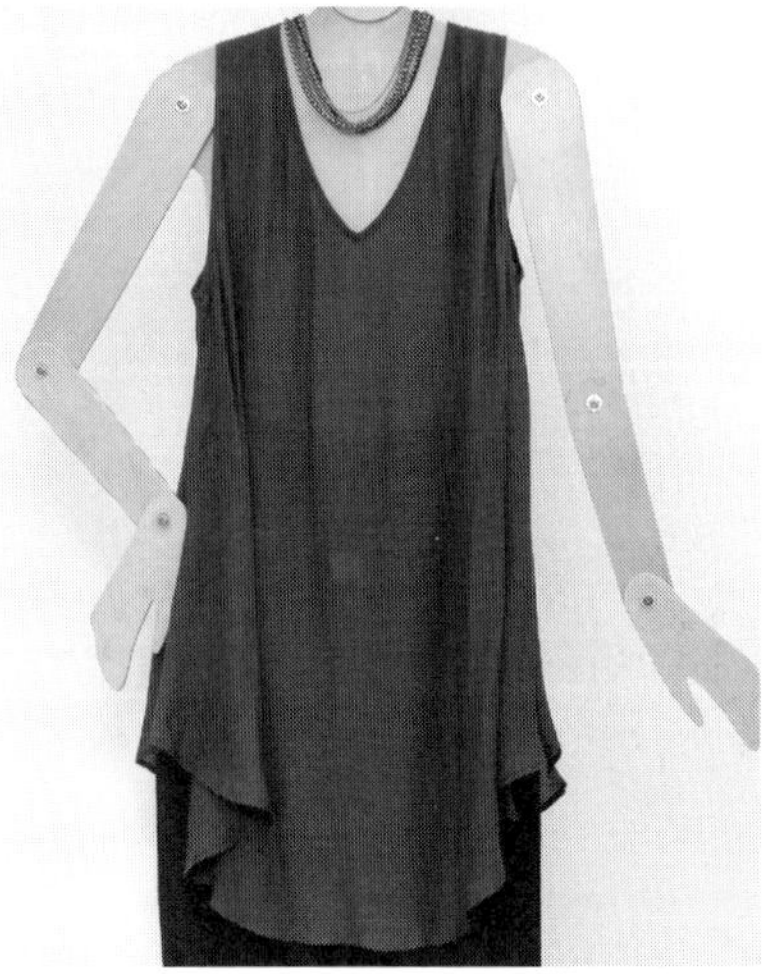

▲夏の定番。涼しくて手放せない人気商品

▲少数民族の布を使ったバッグは人気

「布探し」が難問だ！

日本から来た私にとって思いのほか難問なのが「布探し」だ。ベトナムでは日本で好まれる肌触りの良い綿やリネンは、ほとんどが輸入品で、価格も安くはない。ダナンではほとんど探せないので、年に何度か飛行機に乗ってホーチミンまで行く。一泊2500円のいつもの安宿に泊まり、翌朝早くホテルの前で待機しているセオム（バイクタクシー）のおじさんと値段の交渉をして、タンビン市場まで行ってもらう。そして千を超える布屋が並ぶ布の大海にのみこまれて、意中の布探しの一日が始まるのだ。

色は淡め、落ち着いたもの、肌触りは、さらっと風合いよくコットンなど自然系がいい。ベトナムの布は、暑い国ということもあり派手な原色系、速乾性を要するためかつるつるピカピカの化繊系といった具合で、市場にはこれが圧倒的に多い。

この日の目的は日本の会社からの注文で、おけいこバックの内布に使う水玉模様の綿の購入だ。水玉は大きすぎては品がないといい、小さすぎてもチラチラする。うだるような熱暑の中、70歳を超える日本のおばあさんが一人、布屋街の路地という路地を、水玉模様を求めてテクテクと巡り歩く。目が水玉に染まるほど探し回っているうちにお昼になってしまい、売り子たちはもう食事を始めている。大量に並べられた布の上で、すでにグーグー昼寝をしている店員もいる。これは布市場の昼のなじみの風景だ。

意中の布をようやく見つけて、寝ている店員を起こし「安くしてよ！」と始まる値段交渉は、今ではそこそこの腕前だ。（竹内みどり）

▲パンツはキャッサバを食べる蚕が作るシルクをベトナムの藍で染めた物。肌触りと風合いが良い。モデルはビンさん（左）、ランさん（右）

Xin cảm ơn

8年の間、アートさくらを支えてくださったみなさま、ありがとうございました。製作は、希望の村にひきつがれています。製品は、大倉山のベトナム希望レストランで、また里親ツアーなどで現地にてご購入いただけます。一人ひとりのご希望に合わせた着物リメイクのご注文もお受けします。

これからもどうぞよろしくお願いします。

注文・お問合わせはこちらへ（femin@jca.apc.org）

スタッフ　日常の記

ふぇみんの仕事15年

ダナンふぇみん事務所スタッフ
Lê Thị Thu Thảo／レ・ティ・トゥ・タオ

時間がたつのは本当に早いものです。駐在と自立支援がはじまり15年、それで私がふぇみんの仕事をするようになって、もう15年になりました。最初は通訳募集が新聞に載って「ちょっと、やってみよう」と思うだけでしたが、こんなに時間が経ちました。

最初の数年間、駐在員の人たちと希望の村へ子どもたちに日本語を教えに行きました。現在日本にいる希望の村の子は、ほとんど小さい時から駐在員に日本語を習いましたね。その後子どもたちと一緒に遊んだり、食堂で昼ご飯を一緒に食べたりしました。今は、さくらフレンズカフェに子どもたちを迎え、日本食を一緒に食べ、日本の遊びをします。けん玉など日本の遊びはベトナムのとはちょっと違うので、みんなは好きで楽しく遊びます。

子どもの誕生日などに日本の里親からお手紙をもらうので、ベトナム語に訳して希望の村に届けます。お手紙をもらう子はとっても喜びます。なかなかもらえない子もいて、私が行けば、ぜひ今回もらおうと期待します。それで子どもたちは「私のお母さん（お父さん）からお手紙がありませんか」とよく聞き

事務所に来た卒業生とタオさん（右）

ます。

２００６年からふぇみんは、希望の村を卒業した子に大学、専門学校、職業訓練の支援もするようになりました。このおかげで、たくさん子どもたちに、いい仕事が見つかりました。

15年前、駐在員になったたばかりの竹内さんと一緒に希望の村に行った時のことです。専門学校に行くための学費を心配して、「学費を払わないと専門学校に行けない」と涙を流しながら言ったリーちゃんの顔を今でもはっきり覚えています。「ふぇみんの自立支援が始まるよ」というとリーちゃんは大喜びでした。リーちゃんだけではなく、15年の間、自立支援のプログラムがなければ、たくさんの子どもたちも困ったことでしょう。

自立支援を受ける子は、毎月一回ふぇみんの事務所へ生活費、学費などを受け取りに来ます。お金を渡しながら学校や生活のことを聞きます。自分の問題などがあれば色々話していきます。相談を受けたり悩み事をきいたり、お姉さんとして（現在おばさんになりましたが。笑）励ましアドバイスします。みんなは少しずつ成長してきて私も嬉しくなり、そんな時この仕事にやりがいを感じます。

コロナの時は、駐在員もダナンに来れず1年半近く全く一人で仕事を行ったので大変でした。日本と頻繁にラインやメールでやり取りをしました。里親総会はコロナのため希望の村とオンラインで行い、里親と子どもたちとの面会もやりました。オンラインだから会ったことのない里親と里子の面会もあり、私は通訳していてとても感動しました。

２０１９年の7月には家族と一緒に日本を訪れ、たくさんの里親の皆さんとお会いしました。ドラえもんが大好きなうちの子は電車に乗って外を見ながら「ドラえもんの家を見つけた！」と喜んでいました。留学生のやっている希望レストランにも参加し一緒にベトナム料理を作りました。この活動が日越の架け橋となっていることを実感しました。

家族で日本へ

6回の引っ越しと路地裏の友人たち

竹内みどり

15年で6回引っ越しをしている。たいがいは路地裏だ。初めの頃、荷物はわずかで、バイク一つで冷蔵庫まで運んでいた。今は長年の荷物が部屋にあふれかえっている。

2006年、初めてダナンに駐在することになり、到着後すぐに家探しをした。最初の家は、古いが2階建てで月一万円。「安い！ここにする！」と即決したものの、よく見れば台所にコンロも蛇口もない。安いから仕方ないか、と小さなガスコンロを買い、水はシャワー室の蛇口を使った。野菜も茶碗も床にしゃがんで洗うベトナムの伝統的な家だ。

この台所が異国から来た私の楽園となったのは、隣に住むヒエンさんという同年代の女性が毎日のように来てベトナム料理を教えてくれるようになったからだ。食後は時々夜のダナンをバイク（二人乗り）でドライブ。15年経った今もドライブに誘ってくれるかけがえのない友である。

はじめは毎年のように引っ越しをした。ほとんどは大家の都合による。コソ泥にやられたのは4軒目の家だ。夜中の2時頃、肩のあたりに何かが触れ、ふと目をさます。何者かがあたりをまさぐっている。驚いて身を起こすと、窓の外から1メートル位の棒が、格子越しに私の持ち物をつりあげようとしている。とっさに「ドロボー!!」と大声で叫び、力いっぱい棒をつかんで取り上げた。ドロボーはあわてて逃げたが、お金、携帯入りのバッグは盗られていた。同居のゴックさん、近くに住むビンさんが飛んできて心配してくれた。ドロボーと勇ましく闘ったものの、その日から私は2日ほど発熱し寝込んでしまった。年に半分を過ごす大好きなベトナムだが、「もう日本に帰りたい」と初めて思った。さくらフレンズカフェのスタッフである希望の村の卒業生が、代わる代わるおかゆをもって来て看病してくれた。食べる気にならなくても食べるまで帰らない。次第に怖かったドロボーの感触が消えていき、子どもたちの温かい気持ちに癒されていった。そこは「危険地区」とされ、引っ越しすることにした。現在の家は6軒目。カフェから徒歩2分というのが気に入り、スタッフと一緒に住みはじめもう8年になる。1階は聴覚障がいをもつ卒業生と共に営む縫製工房。雨季の夜中、雨漏りが顔に当たって目を覚ますことがある。これまで6軒の家にはもれなく雨漏り、断水、停電がついてきた。おまけにねずみ付きである。

　家の前の路地で女性たちが魚や野菜を売っている。雨季の豪雨の中、ひるみもせずに物を売り続ける女たちのたくましい姿は感動的だ。時々ベトナム麺のブンの屋台で朝食をとる。ここを営むフーンさんは今年74歳になり、もう体がきついと言う。私は最近習ったハンドマッサージをしてあげる。すると、近くの女性たちが「私も」「私も」とやってきて、なんだか楽しいひと時になる。

　路地裏に子どもたちの遊び声や女性たちのとめどないおしゃべりが、ゆっくりした時の中に流れる。時には夫婦喧嘩がはじまって、野次馬よろしく皆で見物する。私はベトナムの人々の、この生活感あふれるどこか懐かしい路地裏が大好きだ。

雨季、家の前の通りは冠水、スタッフに助けられ出勤

家の前の通りの屋台で朝ごはんのブンを食べる

50歳すぎての旅立ち

渡辺美里

ダナンに駐在する私を空港に迎えに来てくれたのは2人の女性。2人ともバイクだった。戸惑う私を、こともなげに1人が後ろに乗せ、もう1人は私の大きなスーツケースをひもで縛りもせず背中にもたせ掛け走り出した。混雑する町を疾走し、瞬く間に家に着いた。

2007年3月こうして私のベトナム生活が始まった。思えば、高校時代奨学金がもらえるアメリカ留学試験を受けたが、もちろんあえなく失敗。1ドル＝360円、初任給2万円の時代に、自費留学などできるはずもなく、大学進学、卒業、仕事をし、結婚もして2人の子どもを育てあげ50歳近くになった時、新しいことにチャレンジしたくなった。まずは好きだった英語を学び直し、日本語の教え方の短期講座を受講し、外国人に日本語を教えるボランティアを始めた。そして海外生活への昔の夢が膨らみ、日本語の教え方を学ぶ学校に1年半通い、資格を取った。

何も決まらないいま54歳で早期退職し、2年間ボランティアなどで明け暮れていたが、ふぇみんのダナン駐在が実現した。さくら日本語センターでの日本語講師を半分、希望の村の支援を半分、私にとって理想的な駐在だった。ベトナム人日本語教師と一緒に貸家に住み、希望の村支援は昨年からのスタッフ、タオさんがいて、困ることもあまりないのが、物足りないくらいだった。ベトナムでの生活は何もかも珍しく、その二人のバイクの後ろに乗せてもらい、また自分でも自転車で見て回った。朝5時からバドミントンに参加し、市場で買い物をし、日本語を教えたり、希望の村に行って所長

などと相談したり。日曜日には、希望の村で日本語を教え、ファミリー訪問をする。旧暦4月15日の釈迦の生誕祭や中秋の祭りなど日本とは違う行事も面白かった。

さくら日本語センターでは、日系企業が採用した社員のクラスを主に担当した。相当な高い倍率の中を合格したと聞いていたが、本当にその意欲と能力は素晴らしく、学生全員の目がこちらを見つめ、びっくりするくらいだった。当時日本企業が進出し始め、日本語熱が高くなり始めていた頃だった。ベトナムでは先生と高齢者は大切にされるから、高齢の教師である私などはとても大切にされ、授業が終わると事務室まで教材などを運んでくれた。日本文化の授業などもあり、日本で習っていた生け花は役に立ったが、枝物が売られていないため、朝早く公園などに行ってこっそりいただいてきたりした。

また、福祉関係のいろいろな人との出会いは多く、枯葉剤被害者協会（VAVA）の所長のヒエンさん、ろう者をたくさん雇用している「ブレッド・オブ・ライフ」のキャサリンさん、川崎から自転車を送っていた臼田さん、少数民族の村を支援しているFIDRの大槻さんなど、数えきれない。みなさん素晴らしい生き方をしている方々だ。

2年間の駐在を終え帰国したが、その後は1年に3、4回駐在している。

臨時の駐在も楽しい

太田敬子

自立支援スタッフとして2019年夏に40日間駐在した。少しでも常時滞在の二人の助けになればと思ったのもあったが、そもそもは長期間海外に滞在してみたいという自分の思いの方が強かったと思う。

私の滞在期間、希望の村は夏休み。子どもたちはほとんど帰省していて不在。それで日頃やることは主にさくらフレンズカフェの運営のお手伝いである。キッチンに入るわけではないので、フロアーにいて毎日いろいろなお客さんと話をしたことが印象的だった。日本食を求めて時々来られる長期滞在の方々、日本人観光客などがメインである。声を掛けて雑談をしながら希望の村やふぇみんの紹介をする。時にはお話が広がって、自分の知らない世界の話を聞くことができた。退職後に何かベトナムのお役に立ちたいとITの会社を立ち上げた方は、若いベトナム人を雇用していて、優秀なスタッフが多いと話された。やはり退職後に日本語教師として来られた方も社会貢献したいとのことで、退職後のほほんと暮らしていた身には刺激的なお話ばかりだった。

若い駐在員のおつれあいたちは夫の仕事の都合でご自分のキャリアを諦めて来られたように感じた。彼女たちはカフェ主催の「もっと知ろうよ！　ベトナム再発見」の運営スタッフで、ボランティアとしてカフェのお手伝いもしてくださっていた。メニュー作りや、スタッフへの日本語教育など、ありがたいサポーターでもあった。中には、自分でより安全な虫除けスプレーなど、無添加の品々を作って売り出した人もいて驚きだった。

カフェは、日本語学習者が日本人とお喋りをする機会も設けていた。カフェで1品注文してもらい我々日本人と1時間お喋りをする。電気技師として働きながら日本語を勉強している若い男性は

スタッフとの昼食。
おかずは同じお皿をつつきあう。ご飯は各自。

お坊さんの修行もしていた。他の日本語学習者と一緒に彼の家を尋ねて座禅をしたのは良い体験だった。ベトナムの人たちは月に1回はベジタリアンになるという食習慣も知った。

皆で作ってご馳走してくれたのは野菜たっぷりの健康的なランチ。外の水道のタライで野菜を洗い、台所へ持って行って調理する。食後の皿洗いも外の水道のタライ。参加した他の若者たちとしゃがんで皿を洗いながら、井戸端会議みたいに身の回りの話など日越の生活習慣の違いをお喋りして、ゆったり流れる時間を楽しんだ。

　もちろん希望の村の卒業生にも何人か会った。ろうの女性でドンナイろう学校へ進学した人が、夏休みの帰郷

で近況報告にやって来た。9歳までろう学校の存在を知らず、希望の村で初めて意思疎通の手段の手話を手に入れた26歳の女性。ベトナムではまだ障がい児の教育まで行き届いていないのかと驚いた。手話すら学ぶ機会がなかったら「思考する」ことは困難だろう。彼女が教育につながることができて本当に良かったと思う。

　40日は短いような長いような、盛りだくさんの日々だった。皆さんにも是非この得がたい体験をお勧めしたい。

いつも一緒に、充実の一年

灰掛あさぎ

ベトナムに駐在して一年が経ちました。一年は本当にあっと言う間でした。希望の村の卒業生のみんなと同じ家に住んで、同じ職場で働いて、一緒にご飯を食べて、一緒に遊びに行って、いつでもみんなと一緒でとても充実して楽しい一年でした。

希望の村の子どもたちはいつでも目がキラキラしていて、困難な家庭に生まれても、明るく前向きに頑張っている姿がとても印象的でした。カフェでは、日越交流のイベントをやったり、アートさくらのスタッフたちとも協力して、カフェとアートは共に歩んできました。聴覚障がいの子たちと一緒に働くのは、いろいろ困る事もありましたが、どうにかアートさくらは一周年を迎えられそうで、嬉しく思っています。カフェがあることで、希望の村やアートさくらを日本の人に知ってもらうきっかけにもなり、カフェを中心に日本とベトナムの繋がりが広がっています。カフェに来てくれる日本からのお客さんが希望の村で体操やカード作りを教えてくれたり、希望の村の卒業生を雇いたい、と言ってくれる日本の会社が現れたりと、カフェがあったからこその繋がりだと思います。

クチトンネルの入り口で

希望の村とさくらフレンズカフェ、アートさくらがますます盛り上がっていけるように、今後も関わっていきたいと思っています。

灰掛あさぎさんは2013年2月から1年間、ダナンに駐在した。
駐在を終えた時の里親通信32号から。

他にも、飯塚絹子さん、加堂妙子さん、定塚才恵子さん、橋本良子さん、安井朝乃さんが短期・中期に駐在して日常の活動を担ってくれた。また、小俣恵子さん、内藤真理子さんがインターンとして駐在した。短期・長期の駐在を歓迎します。

さまざまな活動

ひろがる支援の輪

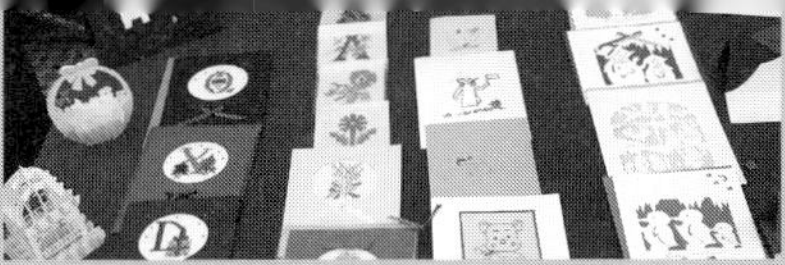

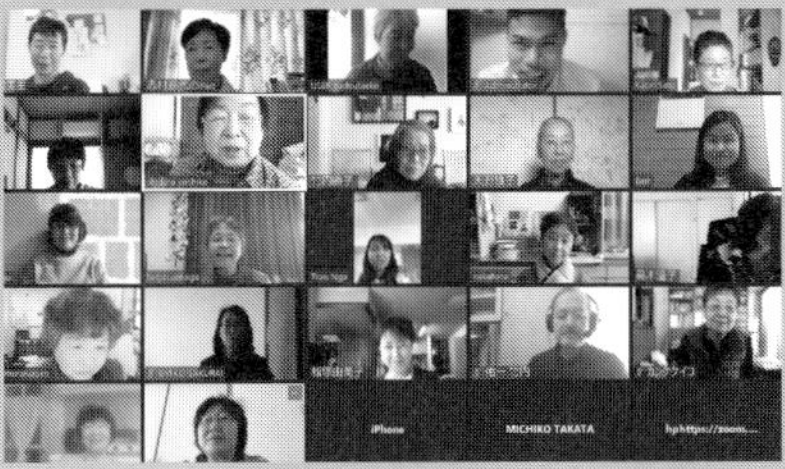

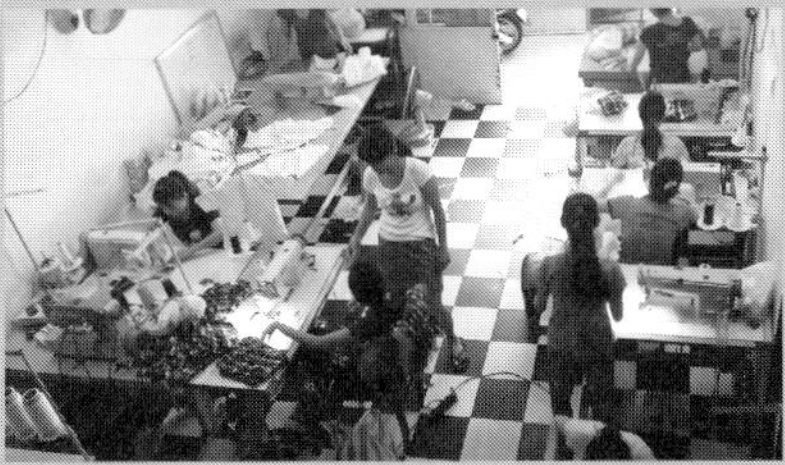

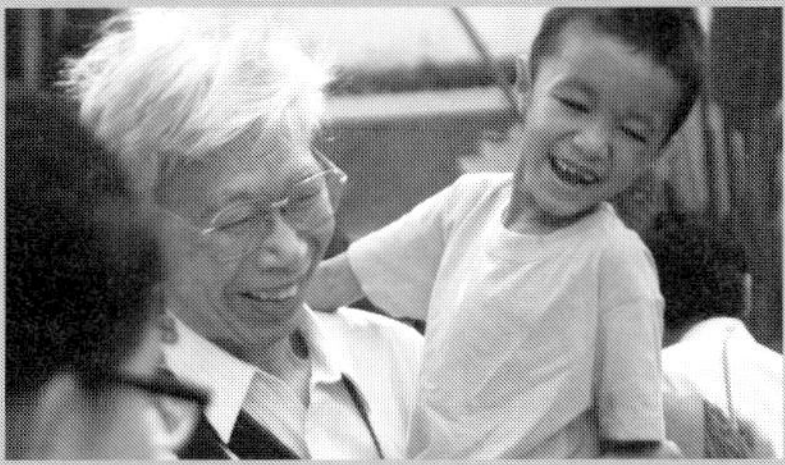

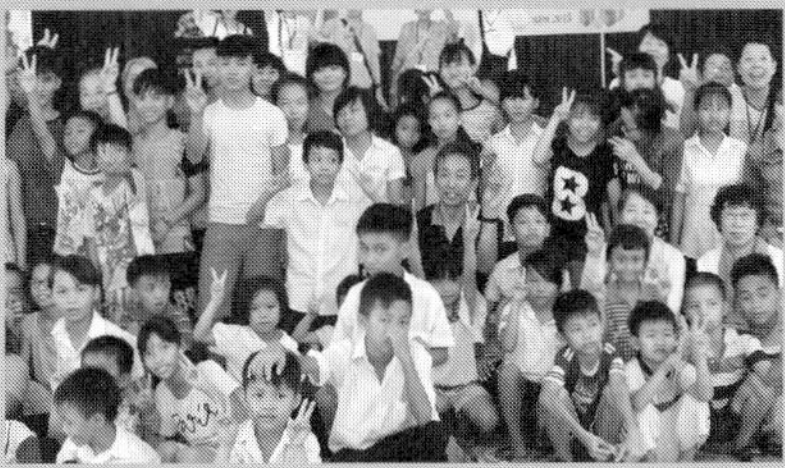

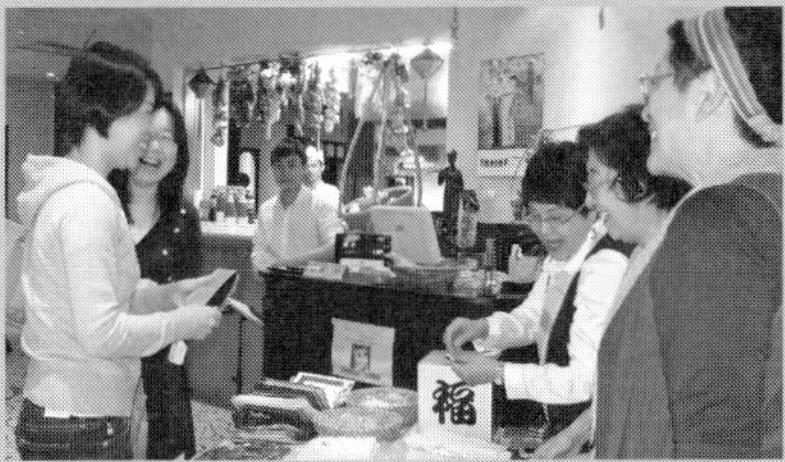

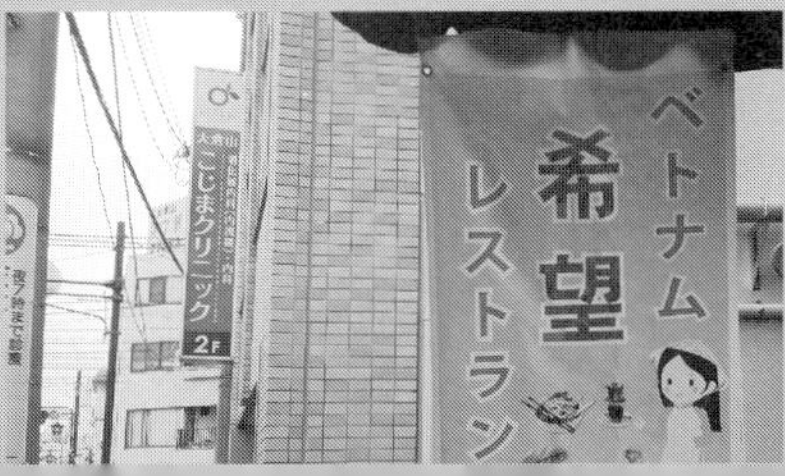

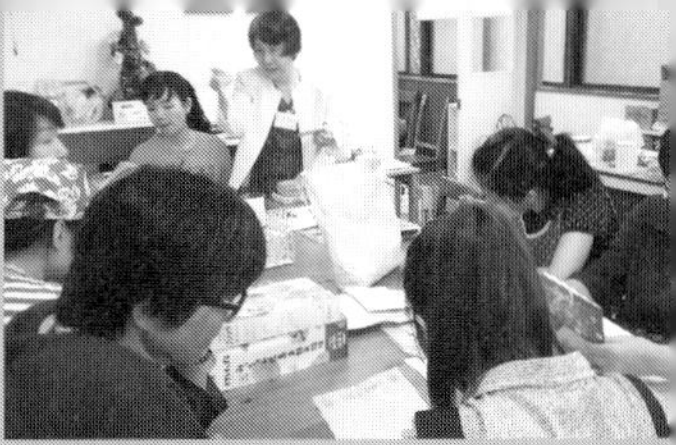

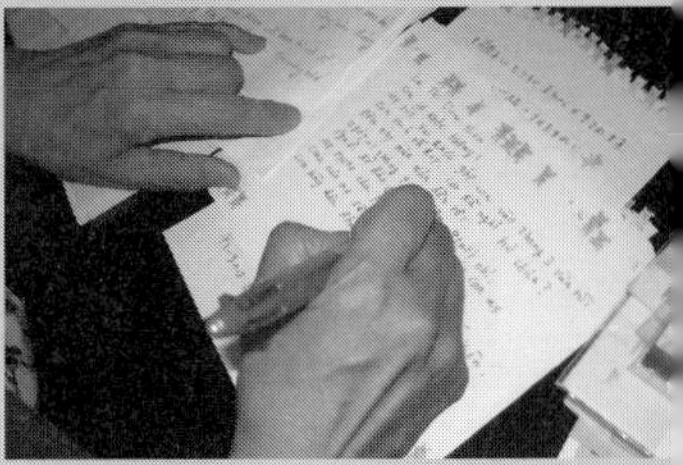

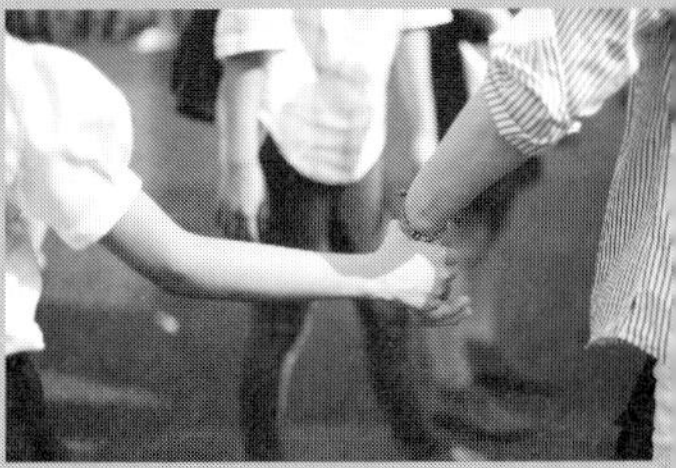

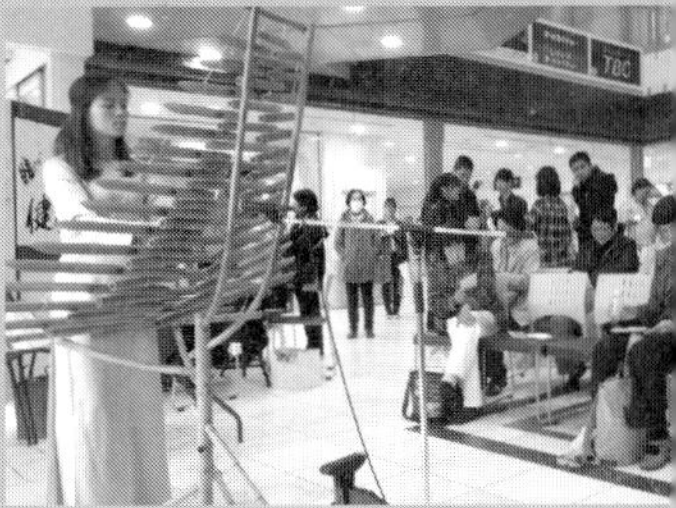

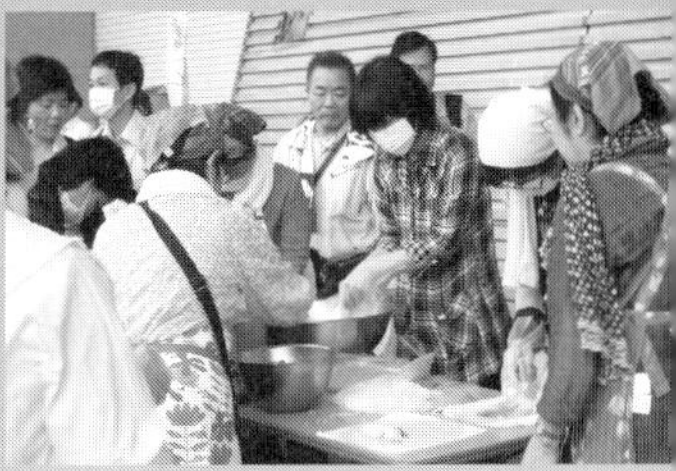

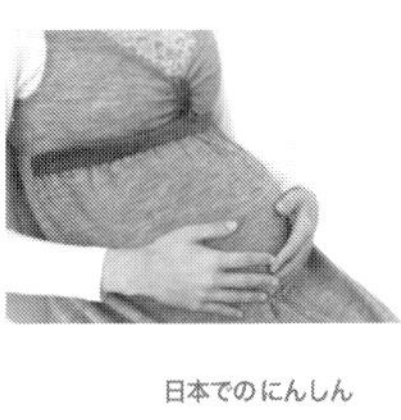

日本でのにんしん

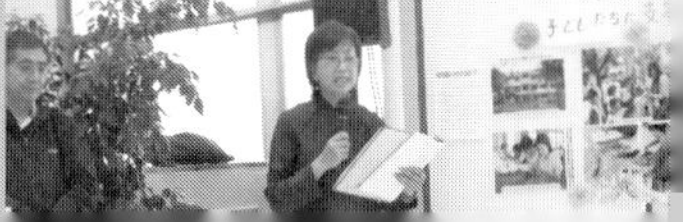

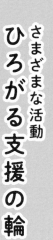

手紙の翻訳などで活躍――シンチャオの会

東京都　川上知代

「シンチャオ」とはベトナム語で「こんにちは」の意味です。

1999年にツアーで知り合った仲間と懇親会を立ち上げ今年で21年。当初は「希望の村」の側面支援として必要物資を送り、里親の旅行感想記や活動内容を会報「あおざい」に掲載していました。これまでで一番思い出深いのは2000年の鶏のひな200羽と鶏小屋の贈呈です。立派に育ったひなは、毎日150個のたまごを産み、子どもたちの栄養面に大いに貢献したそうです。その他、図書室の本、オーブン、オーディオセット、デジタルカメラなどを寄付してきました。

その後、ランさんがはじめとなった留学生の来日と共に「シンチャオの会」は、留学生との交流会が主なものとなりました。交流会には希望の村、さくら日本語センターからの留学生の歓送迎会に加え、目玉行事がありま す。それは里親の手紙の翻訳です。なかなか里子に手紙を書く機会のない里親の手紙を、交流会の場で翻訳してもらい、すぐ送付することができます。里親の手紙も、翻訳が簡単なものから難しいものまであるでしょうが、いつも快く引き受けてもらっています。こうして21年間活動してこれたのは会員の皆様のご協力のお蔭です。まだまだ活動を続けていくつもりですので、これからも宜しくお願い致します。

2020年2月、里親たちの手紙を翻訳する留学生と里親たち

西日本でも交流と支援——

西日本里親の会

大阪府　加堂妙子

西日本里親の会は、「東京の総会には遠くて参加しにくい、西日本での里親同士の交流もしたい」という声により2003年1月に立ち上がった。その時には東京から、希望の村支援を始めた北村敏子さんに来てもらい話を聞いた。その後はツアー報告も兼ねて毎年開いてきた。2015年には、あしなが育英会の奨学生として関西に住むことになったフーンさんの歓迎を兼ねて広島で開催し、広島在住の里親、堤良子さんの案内で広島平和公園を訪問した。東京、九州からも多くの参加があった。

2014年11月には、さくらフレンズカフェで働いていたゴックさん（現在は山口市在住）が、「さをり織り」の研修で大阪にやってきた。里親の黒河内（灰掛）あさぎさんの祖母が、さをり織りの発明者だったことがきっかけだ。ゴックさんは1か月ほどホテル住まいで、研修をがんばり帰国した。

フーンさんの支援では、学生時代だけ支援をするという条件で「フーン応援基金の会」を立ち上げた。里親の榎本啓子さんが窓口で、里親でない人にも広く呼びかけた。フーンさんが通院する時には大学の近所に住んでいた人が付き添ってくれた。春と秋の年2回フーンさんに生活の様子を書いてもらい「フーンさんだより」を出した。フーンさんは2021年3月に卒業し、社会人となった。

フーンさん関西に

広島での交流

アジアに目を向けて――アジアンぐらす21

東京都　坂田朋子

２００３年10月「日越国交樹立20周年」を記念して開催された「川崎港まつり」に参加しました。希望の村支援活動の宣伝と製品の販売です。翌年の1月、アジアの人々と交流を持ち、命の危険や貧困にさらされる子どもたちが、平和で安心して暮らせる日常を作りたいと、グループ「アジアンぐらす21」を立ち上げました。同年7月には横浜にある「ギャラリーかれん」で「こんにちは、ベトナム展・大きくなれ、希望の村の子どもたち！」と題して展示・販売をしました。その後「こんにちは、アジア展」と名前を変え、２０１７年まで続きました。そして、ミニアジア展、仙台イベントなどを行いました。希望の村の職業訓練品である刺しゅうやカード類の販売も好評で、アートさくらの製品（ｐ１２２）、その他ベトナムから仕入れた水牛の角製品、箸、スカーフなど、数えきれないほど並べました。

売り上げは希望の村やカンボジアの子どもたちに還元しています。また、「国際子ども権利センター」の団体会員となり支援を続けています。色々なグループとつながりながら活動を広げ、希望レストランの開催までにつながっています。人が動くことの大切さを実感しています。

希望の村やアートさくらの製品を売るビンさん

里親たちの東日本大震災被災地支援

神奈川県　飯塚絹子

あの大きな揺れから一週間たった2011年、3月18日。メールがやっと開通したという連絡が、中原寛子さんから届いた。中原さんは、宮城県山元町の国立宮城病院で歯科医として働く里親だ。

連絡を受け、里親メーリングリストを使って救援物資、義援金支援が「顔が見える関係」で精力的に取り組まれた。送られた救援物資（本、タオル、衣類、バッグ、文房具、日用品など）は、病院待合室に設けられたテーブルの上に並び、そこに訪れた被災者の手に届けられた。なかには布団一式というのもあった。ダナンでも、さくらフレンズカフェのスタッフ、ビンさんを中心にして募金活動が始まり、店内の交流スペースでは支援コンサートが開かれ、桜の花を形どったカードに書かれた応援メッセージが続々と集まった。このメッセージカードは宮城病院の待合室に大きな桜の花のように咲いた。

また、いつも里親総会が開かれるレストラン「ベトナム・ガーデン」が中心となって炊き出しが行われ、福島のビッグパレットでは、ベトナム人によるコンサートでランさんがトルンを弾き、炊き出しでは里親の有志が春巻きづくりで活躍した。

その後は被災地訪問を中心とした活動も加わり、2019年の仙台イベントまで引き継がれている。

メッセージカードの前で。中原寛子さん（右）

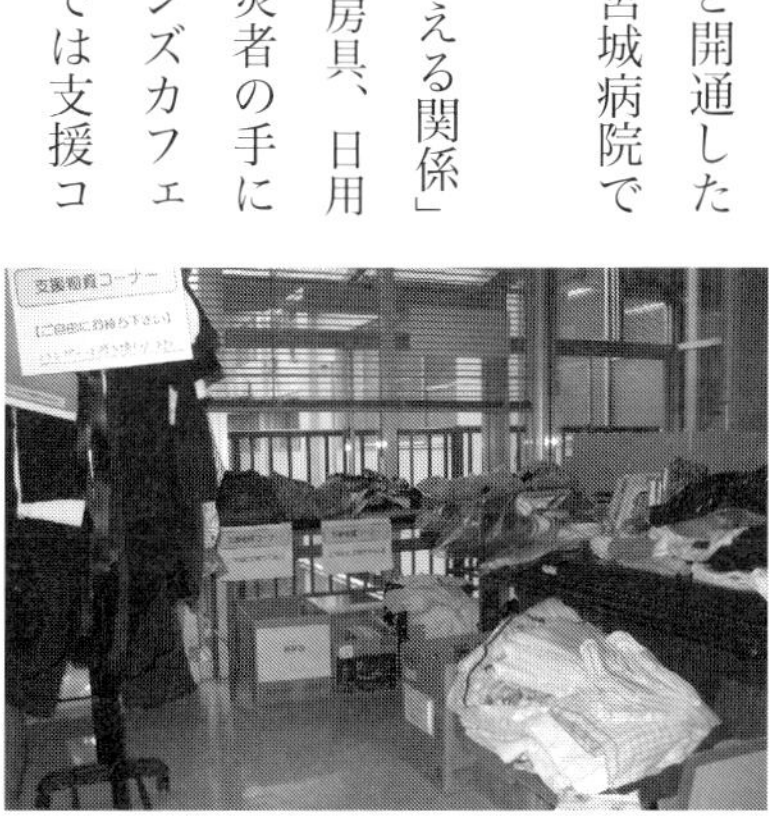

待合室の救援物資

仙台でベトナムの風が吹く

宮城県　荒井俊子

仙台は地下鉄南北線の北端駅、泉中央駅ビルには雑貨や飲食など小じゃれた店が並んでいる。そのうちの「ベイリーフ」の前を通りかかって足を止めた。ふぇみんベトナムツアーで見たことのあるアートさくら（P118）の品だった。そこの店主、小林真奈美さんとは、出会いの瞬間からたちまちベトナムトークで盛り上がったのだった。

仙台にも、留学や就労で来ているベトナムの若者が何人もいるはずだけど、街中でそれに気づく機会も残念ながらあまりない。それなら文化交流を意識して、ふぇみんベトナムプロジェクトの紹介イベントをやってみよう、という話が進んだ。仙台にはもう一人心強い仲間がいた。長年里親を続けてきた中原寛子さんだ。互いに忙しい仕事を持つが、合間に打ち合わせを重ねて、期待と楽しさでワクワクしながら準備は進んでいった。

２０１９年4月27日、泉中央駅の駅ビルで「ベトナム希望の村プロジェクトin 仙台」はこうして催された。タイトルは「ベトナムの風を感じて」。希望の村卒業生や里親らによるベトナム楽器の実演やベトナム語の歌声に、駅ビルを訪れた人々が足をとめ耳を傾ける。アオザイを着た希望の村の若者が試飲コーナーでベトナムコーヒーを作ったり、小物販売に立った。会場はベトナム文化や希望の村への関心で、話の輪がいくつもできて、仙台の街の片隅はひと時楽しく和やかな交流の場となった。

会場でベトナムコーヒーをふるまう

10年ひと昔、アメ横の春

東京都　小島政男

10年ほど前の春、地域運動の仲間からベトナム人留学生のバイト口を頼まれてアメ横の兄の店を紹介した。留学生の名は、ランちゃん。面談の日、店の前を何度か行き来して、やっと決心かためて店の前に立ったらしい（後日談）。アメ横の柄の悪さは、国境を越えていたのか!? 履歴書を差し出し、黙って下を向いている。その履歴書を見て驚いた。誕生日が私と同じ！ 私の運転免許証を彼女の目の前にかざして指でさすと、やっと顔を上げて目を合わせてくれた。彼女の働きぶりは文句の付けようがなく、当店の外国人労働者第一号の重責を果たしてくれた。

翌年にはビンちゃんがきた。その細さに、はたして荷物を持てるか心配したが、杞憂だった。毎朝、店内に段ボールをバケツリレー方式で運び入れるのだが、25キロを超えても歯を食いしばって踏ん張っている！ やせっぽちビンちゃん恐るべし！ 二人は店のメイン商品の製造ラインを任されるようになった。その後も希望の村の卒業生の雇用が続き、アメ横の一角では希望の村の卒業生たちの評判は上々だった。

後に、社長である兄が「なぜ、あのアメリカがベトナムに負けたかわかるような気がする」と言った。更に彼女たちには、富士山麓で毎年行われている「福島こども保養プロジェクト・杉並」の活動に参加してもらった。ベトナム式バンブー・ダンスで遊び、竹がたくさん使われているベトナム楽器「トルン」に子どもも大人も珍しがって群がった。ランちゃんの演奏もあった。シンカムオン（ありがとう）！

子どもたちとバンブーダンス

会社の社会支援活動として

株式会社ＨＲインスティテュート　代表取締役会長　稲増美佳子

私どもＨＲインスティテュート（人材開発会社）は、２００４年からベトナム中部にてベトナムにおける小学校建立の社会支援活動を続けてきております。その後ホイアンで、ダックカフェというお店を運営していた際に、ダナンの希望の村から聴覚障がい者の卒業生を雇用いたしました。その縁から、ふぇみんの活動を知ることができました。２０１８年からは会社から「希望の村ふぇみん基金」に支援金を出し、聴覚障がいの子どもたちの手話教育や学力が遅れがちな子どもたちのための補習などに使っていただいております。また、私も社員もふぇみんの里親となりました。希望レストランにもたびたびうかがって、おいしいベトナム料理を楽しんでいます。

私どもの会社は人材開発の会社なので、２０１９年に日本に留学している希望の村出身の若い皆さんに集まっていただき、自分のキャリアを考えるセミナーを開催し、これからの自身の将来について語りあっていただきました。日本において経験してきたことの中には、辛いこともありますし、不満も不安もあります。自分の未来が見えない、という人もいらっしゃいました。でも、せっかくのご自分の貴重な体験をぜひ日越の明るい未来の関係づくりにつなげでいただきたいと思う時間でした。

私たちの心がベトナムの若い方々に伝わり続けるよう、今後も支援させていただきたいと思っています。

「自分のキャリアを考えるセミナー」　希望レストランで

500キロのお米

2018年の夏、見知らぬ人から電話が入る。工藤公仁エドウィンさんと名のるその人は「今、希望の村に行ってきました」と言った。「希望の村へ？　なぜですか」と聞くと、「お米を届けて来たんです」という。それからまもなく工藤さんはさくらフレンズカフェに現れた。工藤さんはブラジル日系二世で、大学生の時日本に留学、そのまま日本で就職し現在は横浜で会社を経営している。従業員はベトナム人、ブラジル人など100人程。「大切な従業員を預かっているベトナムに何か役立ちたい」と思い、希望の村を知って500キロのお米を何度か届けているのだそうだ。初対面の人が、急に身近な人になった。

ダナンで若者が希望の村支援

2019年、ダナンで仕事をしている日本の若者たちが、希望の村の中秋の祭りやクリスマスパーティなどで子どもたちにプレゼントを持ってきてくれた。日本の若者3人が「サンライズ・ダナン」というグループを作り、日本人にダナンをもっと知ってもらいたい、と活動をはじめ、その一つとして、希望の村支援を行うようになったのだ。（竹内みどり）

ひろがる支援の輪を感じて

竹内みどり

希望レストランは月に一回、第二日曜日に開催されるが、毎月その日を多くの人が心待ちにしている。お客さんは近所の人もいれば、遠くから3時間もかけて来る人もいる。毎回50人から70人、年齢も国籍も実に多様だ。留学生の友人や同僚、里親、その知り合い、ネットで知った人……その多様さがこの活動の広がりを知らせてくれる。

一方、ダナンでは、もう一つのレストラン、さくらフレンズカフェにも様々な国の人が来店する。お客さんには、なるべく希望の村の話をすることにしていて、多くの人が興味をもってくれる。そして、日本から来る人が特に注目してくれるのは、卒業生が支援する側に回っている希望レストランの話だ。帰国後、レストランに来てくれて「食べる応援団」の常連になって支援の輪に参加してくれる人もいる。

各地で活躍する卒業生たち

ふぇみんの希望の村支援が始まって25年、自立支援開始から15年、子どもたちは大きく育った。来日した卒業生たちは今、国内外の各所に住み、それぞれの地に根づいて様々な支援に関わっている。

3年前に来日したゴックさんは、現在、困難な状況に追い込まれた技能実習生など外国人労働者への支援に参加している。ゴックさんは来日後に熊本で日本の支援団体の人たちと知り合い一緒に活動するようになった。日本語では情報の伝達が難しいケースを目の当たりにしたゴックさんは、「技能実習生にベトナム語で情報を伝えたい。そのためには、多くのベトナム人が使っているフェイスブックがいい」と会議で提案。必要な情報をベトナム語に翻訳して発信し、ベトナム人から寄せられる相談を直に受けている。深刻な問題も多いが、支援団体の人と一緒に問題の解決に取り組んでいる。「ベトナム人の問題がニュースで報じられる度、何もできない自分が歯がゆかった。今、やれることは何でもやって少しでも役に立ちたい」と揺るぎない思いを語る。

来日第一号のランさんは、結婚してハワイに移住し、２０１９年に卒業生で初めての里親となった。いまでは、ふぇみんの活動に「元希望の村の子ども」の立場であれこれ助言をしてくれる。ランさんはハワイの自宅で作ったベトナム料理をネットで販売。正月用のベトナムのお餅、バインテトはすぐに売り切れた。それは２０２０年秋にベトナム中部を襲った集中豪雨による洪水の被害者に義援金を送るためで「一人だけの希望レストラン」だった。「将来このハワイで希望レストランのような活動をしたい」とランさんの夢は広がる。

一本の電話から始まったふぇみんベトナムプロジェクトの活動は、25年の時の中で、人々のつながりを築き、循環する支援の輪を生み出してきた。この活動を支えてきた里親たちは、里親になった動機として、社会貢献やベトナム反戦運動をあげる人が多いが、ふぇみんの原点である平和への強い思いが、この長い歴史の底に流れている。各地に生まれた互いに支え合う新しい力は、思いを繋げ歩んでいる。

ベトナムのみなさまへ　――あとがきにかえて――

私たちはベトナム・ダナンにある子どもたちの施設、希望の村の卒業生で、留学や結婚で来日したベトナム人です。私たちは、親が亡くなったり病気になったりしたために希望の村で育ちました。希望の村を25年支援している日本の団体ふぇみんの人たちが、年に一度、希望の村に来て、私たちと交流する機会があります。私たちはそれをきっかけに日本に関心をもち、日本語を勉強して日本に留学しました。

長く、ふぇみんからお世話になった私たちは、今度は私たち自身も「困っている子どもたちを支えたい」という気持ちを持つようになりました。そのために2016年に、日本で「希望レストラン」を里親さんと共に開きました。勉強と仕事をしながらですので月1回ですが、利益を主に希望の村に送っています。最初、来日卒業生は3人しかいなかったのですが、現在13人になり、みんなで頑張っています。この活動を通して、日本にいるお客さんという支援者とダナンの希望の村の子どもたちがつながるのでとても楽しい有意義な活動です。

日本にいる皆さま、ぜひ、横浜の希望レストランに来てください。そしてベトナムにいる皆さま。ダナンにある希望の村や、希望の村の子どもたちが働いている「さくらフレンズカフェ」（ホアンホアタム通り）をご存じですか？　ぜひ一度、足を運んで交流し、応援してください。

「ベトナムの子どもたちに笑顔と教育を送る会」来日希望の村卒業生

ホー・ティ・ラン、レ・ティ・ビン、チャン・ティ・ガー、
グエン・ティ・ビック・フーン、グエン・ティ・ホン・ルー、
ホァン・ティ・ラー、チン・ジオン・ヤン、フィン・コン・フン、
グエン・バン・クァン、レ・ティ・ゴック、レー・ティ・リー、
グエン・ティ・トゥイ、グエン・ティ・トゥ・クェン

Gửi các bạn Việt Nam

Chúng tôi là những người Việt Nam xuất thân từ trung tâm trẻ em Làng Hy Vọng, hiện đang du học, kết hôn và sinh sống tại Nhật Bản. Lúc nhỏ, vì hoàn cảnh khó khăn, ba mẹ mất sớm hoặc đau ốm nên được đưa vào nuôi dưỡng tại Làng Hy Vọng. Ở đó, chúng tôi có cơ hội giao lưu với Hội Phụ nữ dân chủ Femin, là tổ chức tại trợ cho Làng Hy Vọng 25 năm, mỗi năm một lần. Nhờ vậy chúng tôi yêu thích Nhật Bản, học tiếng Nhật và đến Nhật để du học và sinh sống.

Chúng tôi có được ngày hôm nay là nhờ sự giúp đỡ của Hội , vì vậy chúng tôi cũng có mong muốn giúp đỡ lại các em có hoàn cảnh khó khăn như chúng tôi trước đây. Năm 2016 cùng với sự giúp đỡ của các mẹ đỡ đầu chúng tôi mở ra quán ăn Hy Vọng tại Yokohama để làm hoạt động quyên góp từ thiện. Vừa phải học tập và làm việc nên quán được mở một tháng một lần và tiền lãi được gửi về giúp đỡ các em ở Làng Hy Vọng. Mới đầu cựu học sinh chỉ có ba bạn, nhưng hiện nay được mười ba bạn cùng nhau cố gắng duy trì hoạt động của quán. Quán chính là nơi kết nối những vị khách tại Nhật Bản và các em ở Làng Hy vọng nên đây là một hoạt đồng rất có ý nghĩa đối với mỗi chúng tôi.

Các bạn ở Nhật xin hãy đến với quán ăn Hy Vọng ở Yokohama nhé. Các bạn ở Việt Nam, nếu có dịp hãy đến thăm Làng Hy Vọng, nơi các em sinh sống, hoặc đến quán cà phê Sakurafriends tại đường Hoàng Hoa Thám, Thành phố Đà Nẵng nơi các em làm việc để giao lưu và giúp đỡ các em nhé.

Cựu học sinh thuộc " Hội gửi tặng giáo dục và nụ cười đến trẻ em Việt Nam" tại Nhật.

Hồ Thị Lành, Lê Thị Bình, Trần Thị Nga, Nguyễn Thị Bích Phượng, Nguyễn Thị Hồng Lưu, Hoàng Thị La, Trịnh Dương Danh, Huỳnh Công Phùng, Nguyễn Văn Quân, Lê Thị Ngọc, Lê Thị Ly, Nguyễn Thị Thuý, Nguyễn Thị Tố Quyên.

編集後記

義祖母が購読していた新聞「ふぇみん」に載っていた「里親募集」。私にとっては初めての子どもが生まれてまもなくのことで、懐にいる我が子と、遠いベトナムにいる子どもたちの顔がそのとき重なった。里親をはじめて25年、はじめの20年ほどは会費を払うだけがやっとだった。

この記念誌の編集委員は8人。うち5人は、さまざまな形でこのふぇみんベトナムプロジェクトを日々支えてくれているプロジェクトの事務局メンバーだ。その事務局の一人ひとりもプロジェクトに関わる動機やかたちは一人ひとり違う。そこに編集委員として加わった里親の3人も当たりまえではあるが一人ひとり違う。このベトナムプロジェクトに関わっている人たちは、違う一人ひとりが自分の意思で参加している。

ベトナムは、この25年で大きく変わった（15周年記念誌参照）。そこに寄り添い、模索し（ああでもないこうでもないと一人ひとりが言い）ながら、このプロジェクトの今がある。まだ小さかったベトナムの子どもたちが、日本にも来て学び、こんどは自分たちが支援しようと力を出し合っている（p30－32「収益と使い方」をぜひ見てほしい）。

支援とは、一見、する側とされる側に二分されるようだが、実は簡単に二分できるものではなく、関わりの中で一緒に育ち合う関係性を持つ。そして、時は流れ環境も変わるにつれ、小さくも、大きくも、ぐるぐるとめぐり続けていくものなのだと、いまや支援する側にも立つかつての子どもたちが、この25年の間に教えてくれた。かつての子どもたちは、いまやともに支援をする仲間となり、またある時は、いまも支援され、またある時は、我々を支援している。すでに同じ社会の一員なのだ。

日本とベトナムも、里親と里子も、関係性はさまざまに動き、決してひとくくりにはできない。この本には多くの方々が原稿を寄せてくださっている。編集会議では、多様な関係性のなかで著者自身が気づかぬまま立場の違う人を傷つけているような表現がないかどうかも議論された。世代や立場が違えば問題の共有はむずかしく、議論はことのほか大きく揺れたが、認識を完全に一致させることよりも、揺れを直視し続けることを大事にした。なぜ揺れるのかを話し合うことで、知らなかった景色が馴染みのある大切な景色に変わることもある。揺れつづけながら対話を重ね、ともにあり続けるというそのしなやかさこそが、このベトナムプロジェクトの支援の血脈なのだろう。もし編集におけるいたらなさに気づかれたら、次の課題として呼びかけて問いかけて、となりにいる人とともに考えてほしい。

この本は25年目の布石であり、これからも綴られる物語である。この本を手にされたあなたも、知らず知らずのうちに循環する支援の中にいることに気づくと思う。

（柳 裕子）

ベトナムとその周りの国々を知るスタディツアー

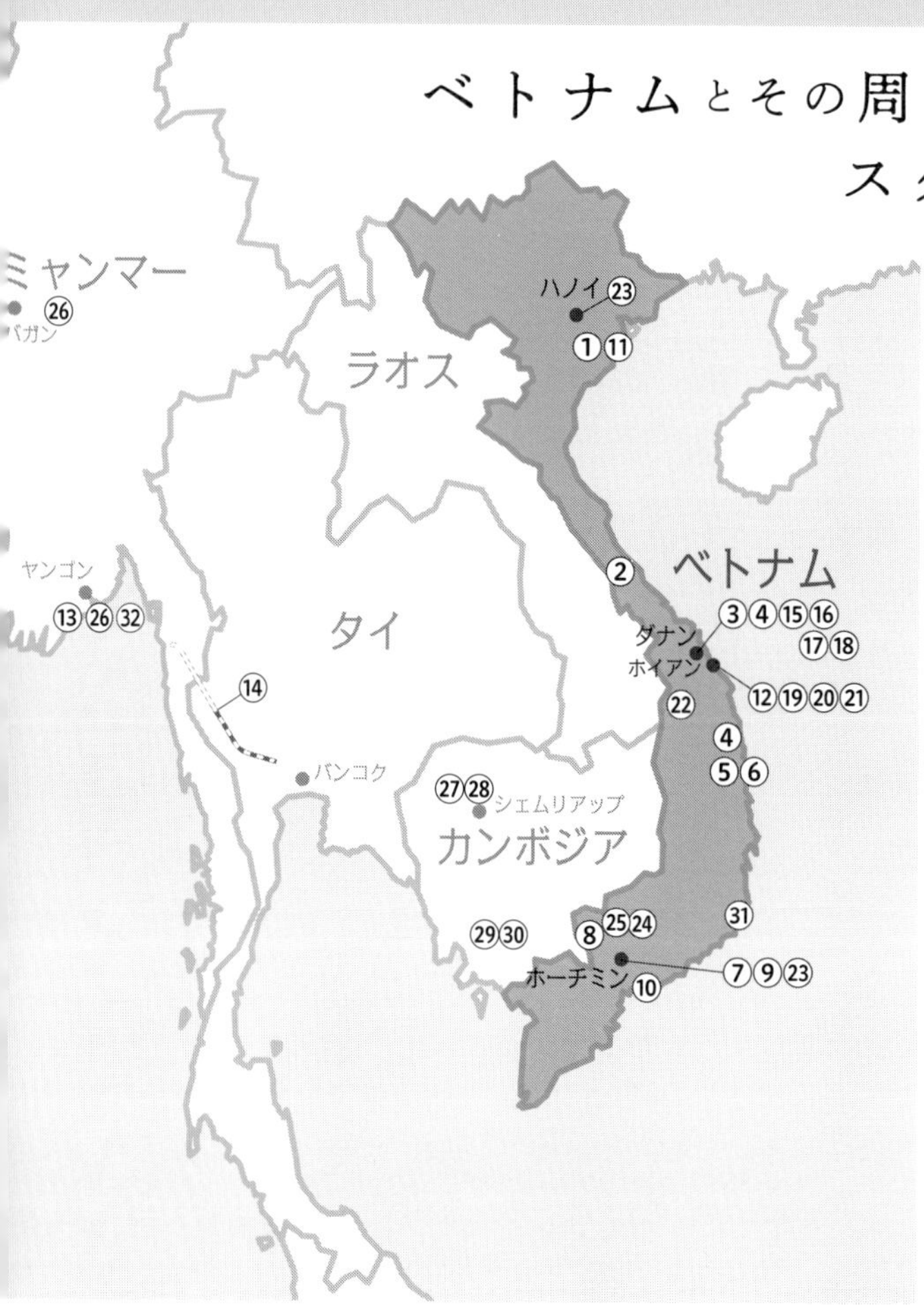

ベトナムの近代史は、外国からの侵攻に対する抵抗の歴史であったともいえる。フランスの植民地支配、アジア太平洋戦争時の日本とフランスの二重支配。その後は抗仏戦争、抗米戦争を戦い、今目覚ましい発展を遂げているが、その爪痕は深い。

毎年希望の村を訪問すると同時に、子どもたちを取り巻く歴史と社会をもっと知るために各地を訪ねるツアーを行っている。ツアーの観点は3点ある。Ⅰベトナム戦争に関連する所。Ⅱアジア太平洋戦争に関連する所。Ⅲ困難を抱える女性や子どもたちを支援する団体や施設。以下、3つのカテゴリーに分けて紹介したい。

Ⅰ　ベトナム戦争関連

①タイビン省枯葉剤被害者リハビリ施設

タイビン省

JVPF（日本ベトナム平和友好連絡会議、代表／村山富市）が、1996年から行ってきた枯葉剤被害者支援のための「ベトナムアンサンブル　チャリティーコンサート」の収益金で、2004年開所した。2006年に「障がい者職業訓練センター」を併設した。

②DMZ（通称17度線）　クアンチ省

非武装地帯のことをいう。南北ベトナムの国境であったベンハイ川に沿って幅約4キロの軍事活動ができない地域のこと。インドシナ戦争後の1954年のジュネーブ協定で、17度線を暫定的な境界線とした。ラオス国境に近いケサン基地は、ホーチミンルートをめぐる双方の重要基地で、この攻防戦は70日以上の激戦となった（1968年）。ドンハには、南北分断の象徴ともいえるベンハイ川にかかるヒエンルオン橋があり、ヴィンモックトンネルは、地下基地&地下住居である。

③ダナン博物館　ダナン

2012年に市庁舎近くにリニューアルオープンされた。3階建てで、1階はダナンの文化・歴史、3階はダナン近郊の少数民族の生活風景と、フロアごとに見やすく展示されている。2階がベトナム戦争に関する展示。アメリカ海兵隊が上陸した当時の様子がよくわかる。

④ベトナム枯葉剤被害者協会（VAVA）**と施設**　ダナン　クアンナム省タムキー

枯葉剤被害者のための公的な組織。被害者や支援者らが、2004年、アメリカの枯葉剤の製造会社37社に賠償を求め、アメリカ連邦裁判所に訴えた。アメリカ軍兵士には和解金という形で補償金が支払われたが、ベトナム人には「因果関係が立証されていない」と2009年連邦最高裁において棄却された。この訴訟をきっかけにVAVAが設立され、全国に支部が広がった。ダナン市には2005年に設立し被害者のための施設が現在2か所ある。

「希望の村」の子どもたちの主な出身地であるクァンナム省には、2013年タムキーに直営施設がオープンした。

⑤ソンミ・ミライ虐殺記念館　クアンガイ省

1968年3月16日、カリー中尉率いる小隊がソンミ村ミライ集落を襲撃し、子ども173人を含む無抵抗の村民504人を虐殺した（難を逃れたのは3人だけ）。最初「ゲリラ部隊との闘い」と報告されたが、フリージャーナリストのシーモア・ハーシュの記事が端緒となり事件が明らかになった。記念館の近くには破壊された村の一部が保存されている。

⑥ダン・トゥイー・チャムの野戦病院跡　クアンガイ省

ダン・トゥイー・チャムはハノイ出身の外科医。志願して従軍医師となり、激戦地クアンガイ省に赴いた。アメリカ軍の烈しい攻撃にさらされ、野戦病院は転々と移動を余儀なくされた。彼女の書いた『トゥイーの日記』は1968年4月から始まり、1970年6月戦死する直前まで綴られている。日記は米兵に拾われアメリカへ。35年を経た2005年チャムの母親のもとに返された。その返還劇は映画化され、現在、その地には記念館があり日記などが展示されている。

⑦戦争証跡博物館　ホーチミン

ベトナム戦争の歴史を綴る博物館。実際に使用された兵器、写真などが展示されている。枯葉剤による被害状況の記録、ホルマリン漬けの結合双生胎児など、戦争の傷跡を証言している。沢田教一、石川文洋、中村梧郎の写真を展示した部屋もある。屋外には、中村梧郎の写真「全滅したマングローブの森」(1976年)が大きな陶板に焼き付けられている。

⑧クチトンネル　ホーチミン近郊

ホーチミン市中心部から北西70kmのクチ地域は、南ベトナム解放民族戦線の基地だった所。総距離250kmに及ぶ手掘りのトンネルは今も残され、見学できる。内部には、会議室、台所、煙穴、病院などもあり、地下生活の様子が伺える。

⑨ツーズー病院・平和村　ホーチミン

ツーズー病院・平和村は、戦争被害者の支援のため、ドイツのNGOの協力を受けホーチミン市に設立された。現在も枯葉剤の影響と思われる後遺症に苦しむ子どもたちの保護、リハビリを行っている。1986年にベトちゃんドクちゃんが分離手術を受けたのもこの病院であり、ドクさんは今この病院の職員として訪問する人々への啓蒙活動を行っている。

⑩カンザー国立公園・マングローブ保護地区　ホーチミン近郊

ホーチミンから南へ車で2時間、マングローブの森が果てしなく続くカンザー。南ベトナム解放戦線の絶好の隠れ家となっていたため、アメリカ軍は枯葉剤による一掃計画を決行。約4万haのマングローブ林が枯れ果てた。ベトナム政府をはじめ日本のNGOなどの活動により、天然更新林も含め約3万haの森が再生され、ボートに乗って観察できる。当時使われていた南ベトナム解放民族戦線の基地なども見ることができる。

カンザー

ベトナム戦争と枯葉剤

ベトナム戦争（1960～75年）中、ジャングルを焼き払い、抵抗する者の隠れ場所や食料を根絶するために、アメリカ軍は猛毒のダイオキシンを含む枯葉剤を航空機で散布した（1961～72年）。VAVAによると、総量8千万リットル、480万人が枯葉剤を浴び、300万人以上が被害で苦しんでいる。近年は第4世代も発症。

II　アジア太平洋戦争関連

⑪200万人餓死事件の村　タイビン省

アジア太平洋戦争末期、1944年末から45年初めにかけて、北部を中心に約200万人のベトナム人が餓死したと言われている。45年9月2日ホーチミンが独立宣言を行った時に上げた数字である。1992年から95年まで、日越共同で北部23の村の実態調査が行われたが、私たちが訪れたタイビン省タイルオン村では、全人口の約3分の2にあたる3968人が餓死したという。原因は、天候不順による凶作、ジュートなどへの転作の強要、コメの強制買い付けなどである。早乙女勝元著『ベトナム"200万人"餓死事件の記録』（大月書店）に詳しい。

タイビン省博物館には、ヴォー・アン・ニン氏による当時の写真が数多く残され、ハノイの歴史博物館にも写真が展示されている。

⑫中国寺院―華僑虐殺記念碑　ホイアン

アジア太平洋戦争中、シンガポールやマレーシア各地で、多数の華僑が日本軍により反日分子として殺害された。ベトナムでも1944年から45年に13人の華僑がスパイ容疑で日本軍に殺害されたのを悼んで、慰霊碑が建てられた。

⑬ヤンゴンの慰安所跡　ミャンマー、ヤンゴン

日本軍が1942年2月に始めたビルマ（現ミャンマー）への侵攻に伴い、ミャンマーの60を超える地域に「従軍慰安所」がつくられた。森川万智子さんは、元「慰安婦」文玉珠さんへの詳しい聞き書きをし、それをもとに彼女の足跡を実際に歩き、『文玉珠　ビルマ戦線楯師団の「慰安婦」だった私』（梨の木舎）にまとめた。慰安所だった建物が、ヤンゴンに今も5、6か所残っている。現在は別の持ち主が使用中。

⑭泰緬鉄道　タイ　カンチャナブリ

第二次大戦時、ビルマへの陸上補給路を確保するために建設された、タイ・ビルマを結ぶ415kmの鉄道（ビルマはのちに撤去）。6万5千人の捕虜と、20～30万人ともいわれる「労務者」が使役された。

過酷な労働や食料不足で、捕虜1万2千人、労務者数万人が犠牲になった。タイでは現在も鉄道として使用されている。

以下の場所は必見。

クワイ河鉄橋

映画『戦場にかける橋』で有名になった。

アルヒル桟道橋

崖沿いのカーブに沿った全長約３００メートルの木製桟道。

ヘルファイア・パスと博物館

多くの捕虜が呻吟した難工事場所。突貫工事のカンテラの灯が地獄の業火のように見えたことから、そう呼ばれた。博物館もある。

カンチャナブリ市内の関連施設

タイ・ビルマ鉄道センター

館長が廃線区間を踏破して集めた資料や、ジオラマが展示されている。

連合軍共同墓地・チュンカイ共同墓地

海外で亡くなった兵士たちはその場所で葬るのが英連邦の慣例で、墓碑には名前や遺族の言葉が添えられている。

ＪＥＡＴＨ戦争博物館

ＪＥＡＴＨは鉄道建設に関わった国の頭文字。建物は当時の捕虜収容所を再現。

カンチャナブリ慰霊塔

犠牲となった捕虜や労務者の霊を慰めるため、当時のタイ方面司令官が南方総軍の反対を押し切って建てた。碑文は日本語、英語、マレー語、タミール語、中国語、ベトナム語で刻まれている。

永瀬隆さんとクワイ河平和寺院

永瀬さんは、通訳として泰緬鉄道の建設にかかわり、戦後、連合軍の捜索隊に同行を命じられ、悲劇の全貌を知る。その後の人生を犠牲者への贖罪にささげた。満田康弘著『クワイ河に虹をかけた男』（梨の木舎）に詳しい。クワイ河平和寺院は永瀬さんが建立。

ヘルファイア・パス

III　女性や子どもの支援団体及び施設

ダナン

⑮赤十字職業訓練所、乳児院

ダナン赤十字が運営する職業訓練所。縫製、刺しゅう、印刷などを訓練。寮もあり通所もできる。乳児院には、家庭で育てられない赤ちゃんが生活している。養子縁組も斡旋しているが、売買にならないように厳しくチェックしている。

⑯セントラル・デフ・サービス　ダナン

アメリカ人ハニー夫妻が設立した手話を中心としたろう児のための教育センター。先生はドンナイろう学校（後述）の卒業生。幼児教室や家族のための手話教室も開催。（p81）

⑰SOS子どもの村　ダナン

1949年ヘルマン・グマイナーがオーストリアで創設し、ベトナム各地にも開設。ダナンには30年ほど前に設立された。約10軒の家があり、1軒にお母さんと孤児約10人が家族のように暮らしている。

⑱ハッピー・ハート・カフェ　ダナン

カナダ人の協力を得て、足や耳に障がいがある人たちが運営し働くレストラン&カフェ。アメリカ人夫妻が運営していた「ブレッド・オブ・ライフ」を引き継ぐ形で、2015年にオープンした。（p79）

⑲リーチングアウト　ホイアン

2000年に設立。障がいのある子どもたちの働く場所になっている。質の高い金属加工、刺しゅう、バッグなどの縫製などを行い、フェアトレードで販売している。近くにティールームもある。（p79）

⑳ストリート・インターナショナル　ホイアン

アメリカのNGOが2009年から貧しい子どもたちの自立を支援。英語やライフスキルを含み、調理、サービスを1年半訓練する。付属のレストランで実習もでき、卒業後は全員レストランやリゾートで働いている。寮もある。（p99）

㉑Uカフェ　ホイアン

臼田玲子さんが建設し運営するカフェ。臼田さんは長年、川崎の日越友好協会からダナンやクァンナム省の子どもたちに自転車を送り続けた。このカフェでは、有機野菜を使い、排水を浄化するなど、環境に配慮し、ホイアンの環境をよくする活動などをしている。（コロナ禍のため2021年8月現在休業中）

㉒カトゥー族の村　クァンナム省

ベトナムには80パーセントを占めるキン族と53の少数民族が住んでいる。日本のNGO、FIDRがダナン市近郊のカトゥー族の村を支援し、村おこしをしている。伝統的織物生産を通じて女性たちの地位も向上した。観光誘致も進めており、心のこもったおもてなしは好評である。

㉓KOTO　ホーチミン　ハノイ

Know One Teach One の略でKOTO。2000年オーストラリア人が職業訓練のためにハノイに設立し、英語でのサービ

ス、調理などを実地で教える。2010年にホーチミンにもオープンし、レストランが併設されている。（P99）

ドンナイ省

㉔ドンナイろう学校

ベトナムではじめて、高等教育を行ったろう学校。ドンナイ師範学校の中にあり、アメリカ人のウッドワード博士が指導し、日本財団が支援していたが、今はドンナイ省が支援する。（P80）

ビンズオン省ベンカット

㉕養護施設フーン・ドゥーン

グエン・テ・ヴィンさんが運営する貧しい子どもと障がいのある中学生、高校生のための養護施設。日本にも多数の留学生を送り出している。ヴィンさんはJVPFの枯葉剤被害者支援のためのコンサートで、チン・コン・ソン（ベトナムの作曲家）の音楽を聞かせてくれる。子どもの時両親を亡くし、自らも事故によるけががもとで、右手を失いながらも、左手だけで弾くギター演奏は心を打つ。

他に職業訓練などを行う、**リーチ**（ダナン）、**ライフスタート基金**（ホイアン）もある。

また、有機**野菜作りの村**として、**チャー・クエー村**（ホイアン）は人気がある。

ミャンマー　バガン、ヤンゴン

㉖「ミンガラーの風」が設立した小学校

「アジアの子どもに学校と音楽を」を合言葉として、市村節夫さんは2005年にNPO法人「ミンガラーの風」を創立した。ヤンゴンとバガンを拠点に貧しさゆえに学校に通うことができないミャンマーの子どもへ、学校建設と就学支援をしている。また、教育環境整備及び音楽、体育等の情操教育指導者の育成事業に取り組んでいる。市村さんは、「ビルマは太平洋戦争で日本軍が侵攻し、私の叔父が戦死した地です。バガンの僧院で叔父の名前を刻んだ慰霊碑に出会った時、ここに慰霊碑ではなく学校を建てよう」とHPに書いている。

カンボジア　シェムリアップ

㉗クメール伝統織物研究所（IKTT）

クメール王朝から続く伝統的な精緻な絹《きぬ》絣《かすり》は、長い内戦とポルポト政権の黒衣

の強制で衰えていた。京都で手描き友禅工房を主宰していた森本喜久男さんが、絹絣を復活させるために、1996年プノンペン郊外に設立し、2000年にシェムリアップに移した。2002年からはシェムリアップ郊外で「伝統の森・再生計画」に取り組んでいる。織物を再生するだけではなく、担い手を育て、村人が暮らす豊かな自然環境を取り戻すことによって、人々の知恵を再生するというプロジェクトは引き継がれている。販売も行い、染色などを体験できる。

㉘フレンズ・インターナショナル　カンボジア　シェムリアップ

このNGOはカンボジア内戦が終わった1994年、首都プノンペンから始まった。疎外、虐待などによる困難な状況にある子どもや若者の命を守り、教育、職業訓練（調理、縫製、メカニック、美容）などを行っている。「一緒に未来を築こう」を規範にして17人の子どもの支援から始まった活動は、その後10万人の子どもたちの人生を支えてきた。

㉙子どものためのヘルスケアセンター（HCC）　カンボジア　プノンペン

子どもが人身売買されたり、性的搾取をされたりすることを防ぐこと、そして被害にあった子どもたちの体と心の健康を守ることを目的として1998年に設立された。

㉚アフェシップ（AFESIP）　カンボジア　プノンペン

1996年設立。人身売買や性的搾取された女性を救出・保護して、精神的ケアや職業訓練をし、社会復帰を目指している。

Ⅳ　その他

㉛タイアン村　日本の原発輸出元予定地　ニントゥアン省

日本が原子力発電をベトナムに輸出する協定を結び、2011年12月、国会で承認された。ここは絶滅危惧種のウミガメの産卵地もあるヌイチュア国立公園に隣接し、環境汚染も心配された。すでにボーリング調査が始まっているということで、12年に視察に行った。ベトナム政府は主に経済的な理由で16年に計画白紙化を発表した。

㉜国民民主連盟（NLD）本部　ミャンマー　ヤンゴン

1988年の結成以降、軍事政権との長い戦いの末、16年アウン・サン・スー・チーさんを国家顧問としてNLD政権が発足した。内部は見学可能で、スー・チーさんやアウンサン将軍の写真が飾られている。2021年2月1日、軍によるクーデターが起こった。

（渡辺美里、佐藤かおり）

年度	ベトナム、「希望の村」の状況	日本での活動
2015	•8月　国際マラソン大会に14名が参加 •12月　卒業生による「希望の村」支援始まる	•3月　チャン・ティ・ガーさん留学で来日 •7月　ふぇみん泊まってシンポ（東京）自立支援10年分科会「ベトナム留学生の学びと将来」 •9月　グエン・ティ・ビック・フーンさん留学で来日 •10月　「追跡・沖縄の枯れ葉剤」ジャーナリストのジョン・ミッチェルさんによる講演
2016	•3月、9月、12月　歯ブラシのプレゼント	•2月　「ベトナム希望レストラン」スタート •3月　「さくらフレンズカフェ」料理長レ・ティ・タン・ホアさん、研修のため来日 •4月　ふぇみん大阪事務所主催で「ベトナム料理の会」 •10月　「九条を抱きしめて」元海兵隊員の故アレン・ネルソン氏のドキュメンタリー鑑賞 •11月　枯葉剤被害「平和を考える沖縄スタディツアー」実施
2017	•4月　空手教室始まる •12月　「希望の村」職員むけに研修が始まる（全10回）	•3月　ホン・ティ・ラーさん、グエン・ティ・ホン・ルーさん、朝日新聞奨学生として来日 •6月　サクランボ狩りで里親・里子の懇親会 •10月　「枯葉剤を浴びた島」　琉球朝日放送記者　島袋夏子さんによる映像と講演
2018	•11月　「希望の村」創立25周年記念の集い •11月　「木工」職業訓練再開	•3月　チン・ジオン・ヤンさん、フィン・コン・フンさん、朝日新聞奨学生として来日 •9月　グエン・バン・クァンさん、留学生として来日 •10月　「枯葉剤被害者支援コンサート」ふぇみん大阪が共催
2019	•7月　寮を修復 •レ・ティ・リ・ナーさん、ドンナイろう中学校卒業、「希望の村」助手となる	•3月　「一般社団法人希望の村ふぇみん基金」発足 •3月　レー・ティ・リーさん、朝日新聞奨学生として来日 •4月　「ベトナム希望の村プロジェクトin 仙台」実施「希望の村」卒業生とともに東日本大震災の被災地をめぐる •7月　ダナン・スタッフ、タオさん一家来日 •10月　「ベトナム人労働者支援活動にかかわって」　日新窟寺務長　吉永慈豊さんによる映像と講演
2020	•7月　ベトナムで法人登録 •10月　グエン・クァン・マン君、ドンナイろう専門学校を卒業して「希望の村」の教師となる	•1月　コロナ禍のためツアーはキャンセル •3月　グエン・ティ・トゥ・クェンさん、朝日新聞奨学生として来日 グエン・ティ・トゥイさん、五島市の奨学生として来日。日本語学校に •3月から　コロナ禍により「希望レストラン」を休止 •7月　Eメールとラインによるリモート交流 •10月　昭和記念公園で里親・里子の交流会 •11月　ズームによる里親総会と里親里子の対面・紹介

年度	ベトナム、「希望の村」の状況	日本での活動
2007	・卒業生の自立支援、職業訓練の充実をはかる	・3月　渡辺美里駐在(2年) ・「希望の村」以外の留学生による手紙のボランティア翻訳始まる
2008	・労働局の管轄になる ・手話教育始まる ・5月　自立支援のトゥイさんの個展が開かれる	・11月　報道カメラマン中村梧郎さんによる「枯葉剤被害」について学習会
2009	・6月　さくら日本語センターの文化祭に「希望の村」の子どもたちが参加 ・「希望の村」で「あしなが育英会」の学生によるボランティア活動が始まる	・3月　ホー・ティ・ランさん、初めての留学生として来日 ・5月　横浜アートかれんで「みどりの風展」に参加 ・7月　ふぇみん「泊まってシンポ」で分科会主催、国際子ども権利センターの甲斐田万智子さんによる「カンボジアの子どもの状況」をテーマに講演 ・9月　「西日本里親の会」がランさんを招き「トルン演奏と語る会」を開く、その後徳島県の里親と交流 ・10月　「枯葉剤被害者支援コンサート」支援
2010	・7月　2名の聴覚障がい児が、南部ドンナイ省のドンナイろう学校に進学 ・非行・怠学に関連して「困難児」対策が始まる ・さくら交流室開設	・11月　支援開始15周年記念集会。神田外語大准教授(当時)岩井美佐紀さんによる「ベトナムグローバル時代の光と影」講演会と、ベトナム・アンサンブルによるコンサート ・「ベトナム『希望の村』の子どもたちとの15年」発刊
2011	・2月　卒業生の働く場「さくらフレンズカフェ」オープン	・3月　東日本大震災　宮城県在住の里親に、支援物資、支援金が集まり、被災者に渡された ・6月　被災地郡山ビッグパレットへ炊き出し応援 ・7月　ふぇみん「泊まってシンポ」で分科会「希望の村との15年」報告 ・10月　川崎みなと祭りに参加 ・10月　「アジアに輸出される日本の原発」環境・持続社会研究センター田辺有輝さんによる講演
2012	・4月スポーツ教室開始 ・9月ベトナムテレビ「私の心の中のベトナム」に出演	・2月　被災地山元町訪問 ・3月　レ・ティ・ビンさん、留学で来日 ・5月　宮城病院震災支援コーナー終了
2013	・2月　縫製工房「アートさくら」オープン ・6月　「希望の村」創立20周年 ・9月　日越国交樹立40周年記念式典参加	・2月　灰掛あさぎさん駐在(1年) ・7月　ふぇみん泊まってシンポ(神戸)分科会　「今、なぜ、枯れ葉剤被害か」 ・10月　「川崎みなと祭り」に参加
2014	・7月　成田-ダナン直行便就航を記念して、越日交流フェスティバルが始まり、毎年参加 ・8月　ドンナイろう中学校に2人入学	・5月　被災地山元町、川俣町訪問 ・6月　ベトナムガーデンでベトナム・フェア実施 ・11月　レ・ティ・ゴックさん「さおり織り研修」で大阪へ。その後京都・東京訪問

25年のあしどり

年度	ベトナム、「希望の村」の状況	日本での活動
1995	・ベトナム戦争終結20周年の6月21日、ふぇみん婦人民主クラブは、「希望の村」創立者のレ・リ・ヘイスリップさん(『天と地』の著者)を招き講演会を開催。「希望の村」の子どもたちの支援を決める	
1996	・EMWF(East Meets West Foundation)を通して「希望の村」の支援始まる ・里親募集が始まる	・ふぇみん婦人民主クラブ事務局2名が、EMWF創立5周年記念行事参加のためダナンへ ・7月　レ・リさん来日、婦人民主クラブの大会で挨拶
1997	・ツアー参加者の協力で里親数大幅に増える	・8月 来日のレ・リさんを囲む懇親会(ピースボートと共催)
1998	・9月　ふぇみんは「希望の村」を直接支援することになった ・管轄は「ダナン市児童保護委員会」	・ツアー参加者有志による「シンチャオの会」発足 ・7月　来日のレ・リさんを囲む懇親会(シンチャオの会と共催)
1999	・地域社会で子どもの養育を支援するプログラムがスタート	・6月　「ベトナムの『子どもの家』を支える会」の小山道夫さん講演会(シンチャオの会と共催)
2000	・地域社会で子ども支援のプログラムを実施しているユィスゥエン村蔡族に子ども25人預ける	・10月　「ベトナムは今」3回連続講座　第1回「ベトナムの歴史と今」講師木内永人さん、ユンさん ・12月　「ベトナムは今」第2回ベトナム映画「ベトナムの旅人」観賞とチャリティー(シンチャオの会と共催)
2001	・新たに、20人を別の地域社会で養育	・2月　「ベトナムは今」3回中野亜里さんの講演「市場経済による貧困の切捨て」
2002	・ダナン人民委員会からふぇみんに感謝状	・5月　「シンチャオの会」の呼びかけで、さくらんぼ狩りの懇親会 ・「西日本里親の会」発足
2003	・管轄が「ダナン市人口・家庭・子ども委員会」に	・6月　レ・リさん来日「私のベトナム支援の歩み」講演(シンチャオの会共催) ・ダナン姉妹都市、川崎のみなと祭りに「ベトナム展」として出品
2004	・さくら日本語センターの「日越文化交流センター」と提携。里親・里子間の文通が始まる	・「アジアンぐらす21」発足。「希望の村」の製品、ベトナム雑貨の販売始める
2005	・7月　「希望の村」からフン所長以下4人を日本に招待。関東・関西でイベントを行い里親たちと交流	・4月　橋本良子さん(里親活動支援者)「日越文化交流センター」職員としてダナンへ
2006	・5月と9月に大型台風がダナンを襲い、大きな被害を受ける。この台風で家族を失った子どもが大勢入所 ・レ・ティ・トゥ・タオさん、ふぇみんダナン事務所の職員となる ・卒業生の自立支援、職業訓練始まる	・4月　自立支援のため、竹内みどり駐在(1年) ・ベトナム手話DVD制作、販売。

あなたも里親になりませんか？
ひとりでもグループでも大丈夫です

里親になると

- 年一回、里子の成長記録が届きます
- 年数回「希望の村」里親通信が届きます

以下すべて自由参加です

- 年1回、里親総会が開かれます
- 里親と里子の間で手紙などを交換できます(手紙は留学生や現地スタッフが翻訳)
- 年1回里子に会えるベトナムツアーがあります（費用別途）
- イベント、学習会、留学生を囲む会などがあります
- 「子どもたちの作品展示・販売会」を開きます
- 「ベトナムの子どもたちに笑顔と教育を送る会」(p36)、「シンチャオの会」(p134)、「西日本里親の会」(p135)、「アジアンぐらす21」(p136) など、自主グループに参加できます

里親の申し込み

- 里親費、子ども一人あたり年額40,000円　（一人でも、グループでも）
  - ・ご自分のグループがない場合はご相談ください
  - ・特定の里子を決めないこともできます
- 一般寄付も歓迎しています

申込みは、電話かE メール（下記　ふぇみんベトナムプロジェクトまで）
振込みは、郵便振込みでお願いしています。

郵便振替口座　00150-3-41257　　希望の村 ふぇみん基金

一般社団法人希望の村ふぇみん基金　ふぇみんベトナムプロジェクト
連絡先：ふぇみん 婦人民主クラブ
Eメール：femin@jca.apc.org　　HP：http://www.jca.apc.org/femin/
東京本部／東京都渋谷区神宮前3-31-18-301　Tel 03(3402)3244　Fax 03(3401)3453
ダナン駐在事務所：125 Hoang Hoa Tham, Danang City, Vietnam　Tel +84-0236-221-5345

写真提供　Trần Nguyễn Trường Thọ
山本 暁
ふぇみん婦人民主クラブ
etc.
design・illustration・DTP　柳 裕子

ひろがる ベトナム希望レストラン　循環する支援
ベトナムの子どもたちとの25年

2021年11月14日　初版第1刷発行

編著　ふぇみんベトナムプロジェクト　25周年記念誌編集委員会
飯塚絹子　太田敬子　坂田朋子　佐藤かおり　澤口康子　竹内みどり　柳 裕子　渡辺美里

発行者　羽田ゆみ子
発行所　梨の木舎
〒101-0061　東京都千代田区神田三崎町2-2-12　エコービル1階
TEL:03-6256-9517　FAX:03-6256-9518
info@nashinoki-sha.com
http://www.nashinoki-sha.com

印刷・製本所　株式会社 厚徳社